Beck/Wachtler

Trainingsmodul Industrielle Geschäftsprozesse für Industriekaufleute

Personalprozesse (GP 5)

www.kiehl.de

Trainingsmodul Personalprozesse für Industriekaufleute

Industrielle Geschäftsprozesse (GP 5)

Von
Dipl.-Hdl. Karsten Beck und
Dipl.-Hdl. Michael Wachtler

3. Auflage

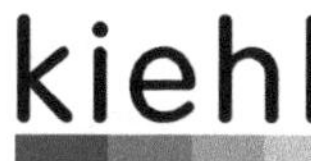

ISBN 978-3-470-**59643**-3 · 3., aktualisierte Auflage 2021

Kiehl ist eine Marke des NWB Verlags

Satz: SATZ-ART Prepress & Publishing GmbH
Druck: Elanders GmbH, Waiblingen

Vorwort

Die Trainingsmodule ermöglichen angehenden Industriekaufleuten ein individuelles Lernen in unterschiedlichen Fachgebieten. Sie enthalten zu jedem Thema das für die Prüfung notwendige Wissen, zeigen Lösungswege für prüfungstypische Aufgabenstellungen auf und ermöglichen zu jeder Zeit der Ausbildung ein persönliches Wissenstraining mit Aufgaben unterschiedlicher Schwierigkeitsstufen.

- Im **Wissensteil** finden Sie die Inhalte, die für die Prüfung wichtig sind.
- Im **Lernteil** erfahren Sie, wie Sie an Aufgabenstellungen herangehen und
- im **Trainingsteil** können Sie üben und Ihren Wissensstand jederzeit kontrollieren.

Beachten Sie dazu bitte auch den **Benutzerhinweis** auf Seite 6.

Dieser Band beschäftigt sich mit personalwirtschaftlichen Fragen, insbesondere mit Personalplanung, Personalbeschaffung, Personalführung, Personalentlohnung sowie den betrieblichen Vollmachten.

Wir wünschen Ihnen eine erfolgreiche Ausbildung und freuen uns auf ein Feedback.

Karsten Beck
Michael Wachtler
Erlangen, im Frühjahr 2021

Benutzerhinweis

Der Aufbau der Trainingsmodule

Die Trainingsmodule für Industriekaufleute folgen einem modernen Lernkonzept. Durch die Zerlegung des gesamten Stoffs der dreijährigen Ausbildung in einzelne Module können sich Auszubildende individuell vorbereiten und ihr eigenes Lernprogramm zusammenstellen. Für jedes Prüfungsfach gibt es mehrere Module zu unterschiedlichen Themen. Jeder Band enthält einen Wissensteil, einen Lernteil und einen Trainingsteil.

WISSEN

Der Wissensteil zeigt, was zum jeweiligen Thema gehört, strukturiert den Stoff und enthält in kompakter und übersichtlicher Form nur die Lerninformationen, die der Leser für die Prüfung braucht.

LERNEN

Im Lernteil erfährt der Leser, wie er aus dem Labyrinth möglicher Aufgabenstellungen herausfindet, worauf er achten muss, wie er beim jeweiligen Thema an Aufgaben und Fälle herangeht und wo mögliche Stolpersteine liegen können.

TRAINIEREN

Der Trainingsteil enthält Fragen, Aufgaben und Fälle auf unterschiedlichen Niveaustufen und in unterschiedlicher Methodik, z. B. offene Wissensfragen, Multiple-Choice-Aufgaben, Zuordnungsaufgaben, Rechenbeispiele, Situationsaufgaben und komplexe Fälle einschließlich deren Lösung.

Die Symbole

Die folgenden Symbole erleichtern Ihnen die Arbeit mit diesem Buch.

LABYRINTH

Dieses Symbol führt Sie zu den Antworten auf die zentralen Fragen eines Themas oder einer Aufgabenstellung.

MERKE

Die Hand macht auf wichtige Merksätze oder Definitionen aufmerksam.

STOLPERSTEIN

Immer wenn das Ausrufezeichen auftaucht, ist Vorsicht geboten. Es zeigt typische Stolpersteine oder Fehler, die Prüflinge immer wieder begehen.

TIPP

Hier finden Sie nützliche Zusatzinformationen und Hinweise.

INHALT

SEITE

Industrielle Geschäftsprozesse

Modul 5 Personalprozesse

INHALT SEITE

INHALT

SEITE

INHALT

SEITE

I. Ziele und Aufgaben der Personalwirtschaft

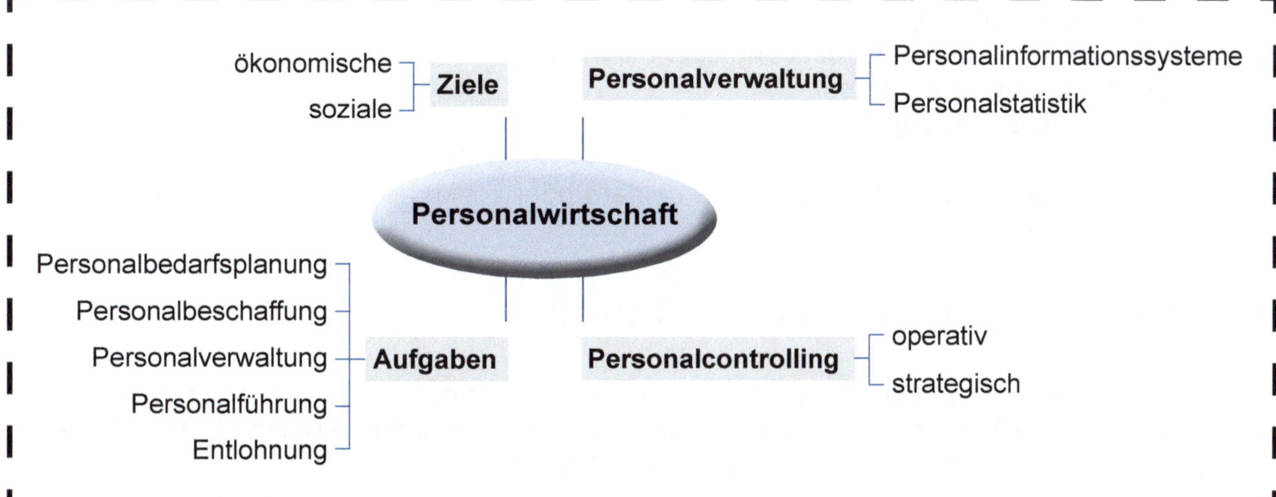

Was muss ich für die Prüfung wissen?

1. Aufgaben der Personalwirtschaft

Die Hauptaufgabe der Personalwirtschaft besteht darin, zur rechten Zeit und am rechten Ort geeignetes Personal bereitzustellen. Die Aufgaben der Personalwirtschaft können auch als Supportprozess im Rahmen der Geschäftsprozesse gesehen werden.

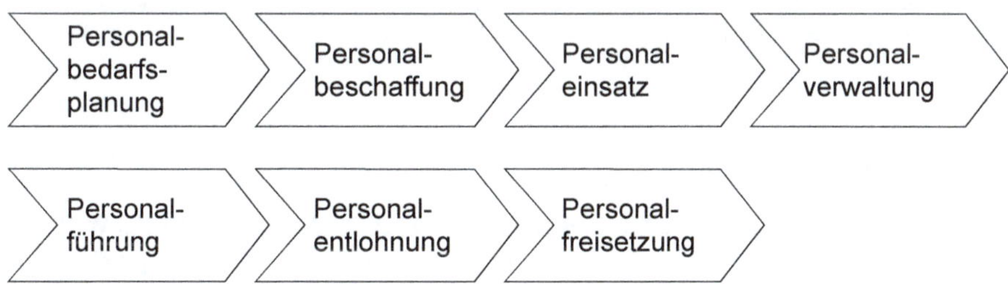

2. Ziele der Personalwirtschaft

Die Aufgaben der Personalwirtschaft müssen vor dem Hintergrund der allgemeinen Unternehmensziele erfüllt werden. Von Bedeutung sind in diesem Zusammenhang vor allem ökonomische und soziale Zielsetzungen.[1]

Daraus ergeben sich als konkrete Ziele für den Bereich der Personalwirtschaft:

Ökonomische Ziele

- niedrige Personalkosten
- hohe Produktivität der Mitarbeiter

[1] Siehe dazu Trainingsmodul GP 1, „Grundlagen industrieller Geschäftsprozesse“.

Soziale Ziele

- Mitarbeiterzufriedenheit
- gutes Betriebsklima
- angemessene Entlohnung
- Arbeitsschutz, Erhaltung der Gesundheit der Mitarbeiter
- Aufstiegschancen gewährleisten
- Schaffung sicherer Arbeitsplätze.

Zu beachten ist, dass sich auch hier komplementäre oder konkurrierende Zielbeziehungen ergeben.

3. Bereiche der Personalverwaltung

Der Begriff der Personalverwaltung ist von den übrigen Funktionen nur schwer abzugrenzen. Häufig werden mit dem Begriff der Personalverwaltung rein administrative Aufgaben in Verbindung gebracht. Solche Verwaltungstätigkeiten können z. B. sein:

- Führen von Personalunterlagen
- Erstellen von Lohn- und Gehaltsabrechnungen, Überweisen von Entgelt, Abführung von Sozialversicherungsbeiträgen
- Arbeitszeitabrechnungen, Erstellen von Urlaubsplänen etc.

Darüber hinaus fallen weitere Tätigkeiten an, die vor allem Informationsgrundlage für strategische Entscheidungen bilden können:

- Analyse von Personalleistungen, Mitarbeiterbeurteilungen auswerten
- Bestimmung von Personalbedarf und Anforderungsprofilen
- Analyse von Personalkosten
- Auswahl von Fortbildungsmaßnahmen
- Gestaltung der Personalentwicklung
- Mitarbeiterberatung und -betreuung.

Personalinformationssysteme

Um den Anforderungen eines modernen Personalmanagements gerecht zu werden, ist es notwendig, jederzeit auf relevante Daten zugreifen zu können und diese in strukturierter Weise auszuwerten. Solche Informations- und Analysefunktionen werden von verschiedenen Computerprogrammen angeboten.

Personalinformationssystem			
Personalstammdaten	**Organisationsdaten**	**Qualifikationsdaten**	**Beschäftigungsdaten**
• Name • Geschlecht • Geburtsdatum • Personalnummer • Anschrift • Familienstand • Gehaltsgruppe ...	• Stellenbeschreibungen • Stellenpläne • Organisationspläne ...	• Bildungsabschlüsse • Fachwissen • Fortbildungen ...	• Arbeitszeit • Urlaub • Fehlzeiten ...

Personalstatistik

Die Analyse mithilfe von Personalinformationssystemen wird häufig als Personalstatistik dargestellt. Solche Statistiken geben Auskunft über verschiedene Bereiche der Personalwirtschaft.

Bereiche der Personalstatistik			
Personalbestand und Personalstruktur	**Bewegungsstatistik**	**Zeitstatistik**	**Kostenstatistik**
• Anzahl der Mitarbeiter • Alter • Geschlecht • Qualifikation …	• Bestandsveränderungen • Personalfluktuation • Versetzungen …	• Ausfallzeiten • Überstunden • Gleitzeitverhalten …	• Gehälter • Sozialleistungen • Zulagen • Betriebsrenten …

4. Personalcontrolling

Das Personalcontrolling greift auf Informationen der Personalstatistik zurück und stellt Instrumente (meist in Form von Kennzahlen) zur Verfügung, die es ermöglichen, die Zielerreichung messbar zu machen. Das Personalcontrolling dient also nicht der Überwachung und Kontrolle des Personals, sondern zeigt Verbesserungsansätze bei den Funktionsbereichen der Personalwirtschaft.

Operatives Personalcontrolling

Vor allem beim operativen Personalcontrolling können bestimmte personalbezogene Kennzahlen eingesetzt werden, um das Erreichen der Ziele zu überprüfen. Es werden meist quantitative Faktoren betrachtet, die einen eher kurz- oder mittelfristigen Zeitraum umschließen.
Mögliche Kennzahlen sind:

Zielbereich	Mögliche Kennzahlen
Niedrige Personalkosten	$\text{Lohnquote} = \frac{\text{Lohnkosten}}{\text{Umsatz}} \cdot 100$
Mitarbeiterproduktivität	$\text{Leistung pro Mitarbeiter, z. B. umsatzbezogen} = \frac{\text{Gesamtumsatz}}{\text{Anzahl der Mitarbeiter}}$
Arbeitssicherheit	$\text{Unfallkoeffizient} = \frac{\text{Anzahl der Unfälle}}{\text{Anzahl der Mitarbeiter}}$
Dauerhafte Arbeitsplätze	$\text{Fluktuationsquote} = \frac{\text{Abgänge}}{\text{durchschnittlicher Personalbestand}} \cdot 100$ $\text{Entlassungskoeffizient} = \frac{\text{Anzahl entlassener Mitarbeiter}}{\text{Gesamtzahl der Mitarbeiter}}$
Arbeitszeit	$\text{Fehlzeitenquote} = \frac{\text{Fehlzeiten}}{\text{Sollarbeitszeit}} \cdot 100$ $\text{Überstundenquote} = \frac{\text{Überstunden}}{\text{Istarbeitsstunden}} \cdot 100$

Strategisches Personalcontrolling

Bei der strategischen Planung wird ein eher langfristiger Zeithorizont betrachtet. Es sollen langfristige Mitarbeiterpotenziale erkannt und mit dem Bedarf des Unternehmens abgeglichen werden.

Häufig wird hierfür ein **Personalportfolio** erstellt:

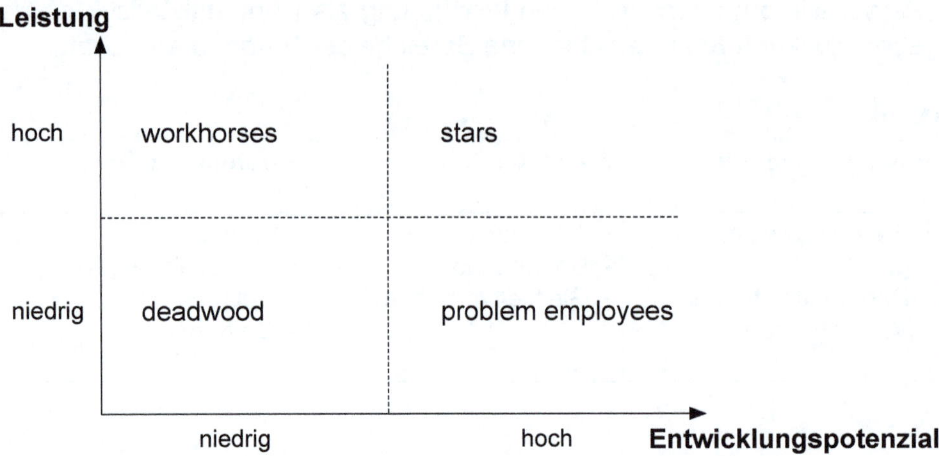

Beachten Sie bitte, dass hier eine qualitative Analyse erfolgt, die in der Regel nicht unmittelbar auf Kennzahlen gestützt ist.

Was erwartet mich in der Prüfung?

Der Bereich „Aufgaben und Ziele der Personalwirtschaft“ dient dazu, allgemeine Zusammenhänge der Personalwirtschaft abzufragen. Es soll dabei erkannt werden, welche Probleme in diesem Bereich entstehen und wie diese im betrieblichen Gesamtzusammenhang zu sehen sind. Daraus entwickeln sich oft weitere konkrete Fragestellungen.

1. Das Lernlabyrinth

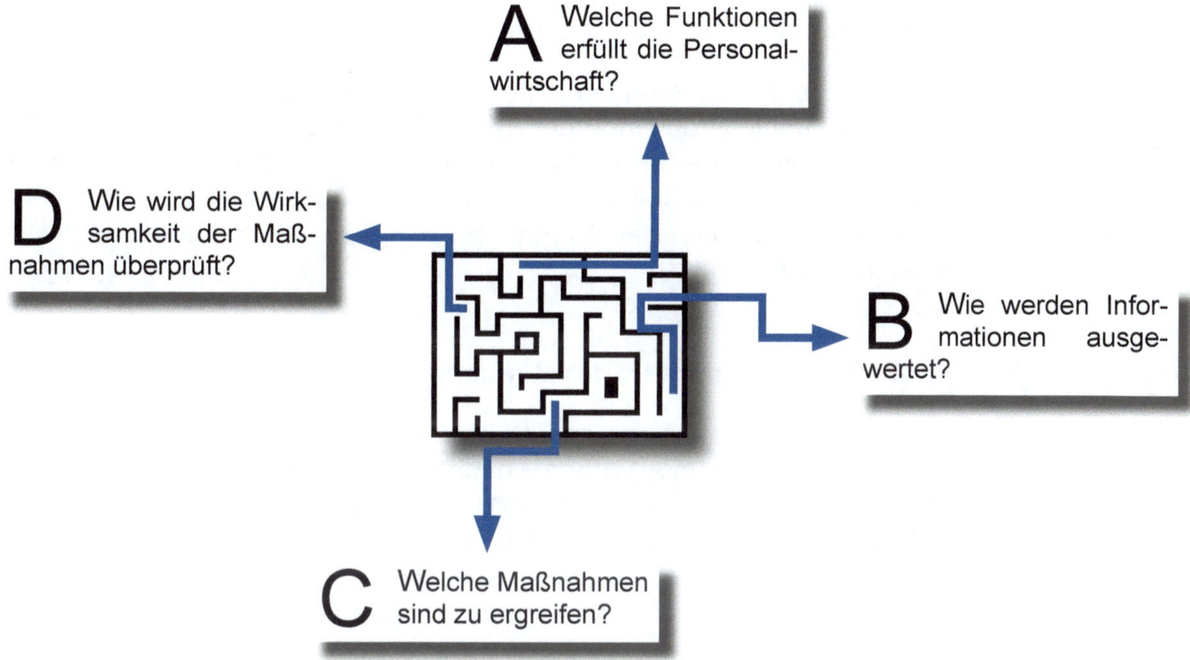

2. Wege aus dem Labyrinth

A **Welche Funktionen erfüllt die Personalwirtschaft?**

Die Fragestellung ist immer im Zusammenhang mit einem gegebenen Fall zu betrachten. Aus einer beschriebenen betrieblichen Situation oder Problemstellung heraus kann gefragt werden, welche Tätigkeiten innerhalb der Personalwirtschaft anfallen. Oft ist es gut, wenn man diese Tätigkeiten nicht nur nennen, sondern auch beschreiben kann.

Bei der Prüfungsvorbereitung ist es auch immer sinnvoll, sich für bestimmte Bereiche bereits passende konkrete Beispiele zurechtzulegen.

Funktion: Personalakte führen

Beispiele:
Ablegen von Beurteilungen, Fortbildungen, Eintragen von Abmahnungen

B Wie werden Informationen ausgewertet?

In der Prüfung müssen oft vorgegebene Tabellen oder Grafiken ausgewertet werden.

Achten Sie genau auf die Fragestellung: Ist nach einer Beschreibung einer Grafik gefragt, reicht es aus, das wiederzugeben, was in der Grafik inhaltlich dargestellt ist.

Wird nach einer Interpretation der Grafik gefragt, sollen Sie auch erläutern, welche Gründe oder Auswirkungen der dargestellte Inhalt hat.

C Welche Maßnahmen sind zu ergreifen?

Aus der dargestellten Situation ergibt sich meist ein gewisser Handlungsbedarf, um auf bestimmte Probleme oder Entwicklungen zu reagieren. Prüfen Sie genau, welche Probleme in der Fallbeschreibung enthalten sind (z. B. zu wenig Personal, zu viel Personal, Personal ist unterqualifiziert, Kostenprobleme) und achten Sie darauf, dass die Maßnahmen, die Sie vorschlagen, auch diese Probleme aufgreifen.

D Wie wird die Wirksamkeit der Maßnahmen überprüft?

Die Überprüfung der Wirksamkeit vorgeschlagener Maßnahmen kann durch eine Gegenüberstellung „vorher - nachher“ erfolgen. Sinnvoll ist die Anwendung geeigneter Kennzahlen (z. B. Wirtschaftlichkeit vorher und nachher; Produktivität vorher und nachher; Fehlerquote vorher und nachher etc.).

So trainiere ich für die Prüfung

Aufgaben

1. Wissensfragen

1.1 Lernfragen

1. Nennen Sie fünf Aufgabenbereiche der Personalwirtschaft.
2. Nennen Sie zwei konkurrierende Zielbeziehungen innerhalb der Personalwirtschaft.
3. Nennen Sie vier verschiedene Bereiche der Personalstatistik und führen Sie jeweils ein Beispiel an.
4. Unterscheiden Sie operatives und strategisches Personalcontrolling.
5. Welche Kennzahlen liefern im Rahmen des Personalcontrollings Informationen hinsichtlich der geleisteten Arbeitszeit?
6. Welche zwei Bewertungskriterien werden bei einer Analyse des Personalportfolios betrachtet?

1.2 Zuordnungsaufgaben

1. Ordnen Sie zu, ob es sich bei den folgenden Zielen um ökonomische oder soziale Ziele der Personalwirtschaft handelt. Geben Sie auch an, wenn kein unmittelbares Ziel der Personalwirtschaft vorliegt.

Ziele	Ökonomisches, soziales oder kein Ziel der Personalwirtschaft?
1. Die Mitarbeiter der Vertriebsabteilung sollen den Absatz im folgenden Geschäftsjahr um 5 % erhöhen.	
2. Durch die Einführung einer Gleitzeitregelung soll die Mitarbeiterzufriedenheit erhöht werden.	
3. Durch den Abbau von Überstunden sollen Personalkosten gesenkt werden.	
4. Durch die Bereitstellung neuer Werkzeuge sollen die Mitarbeiter pro Tag eine höhere Produktionsmenge fertigen.	
5. Um die Kapitalbindung zu reduzieren, sollen in der Personalabteilung die Computer nicht gekauft, sondern geleast werden.	
6. Durch die Ausrichtung einer betrieblichen Weihnachtsfeier sollen sich die Mitarbeiter besser kennenlernen.	

2. Ordnen Sie zu, zu welchem Bereich der Personalstatistik die folgenden Daten jeweils gehören.

Daten	Bereich der Personalstatistik
Alter Anzahl der Mitarbeiter Ausfallzeiten Personalbestandsveränderungen Betriebsrenten Gehälter Geschlecht Gleitzeitverhalten Personalfluktuation Qualifikation Sozialleistungen Überstunden Versetzungen Zulagen	Personalbestand und Personalstruktur
	Bewegungsstatistik
	Zeitstatistik
	Kostenstatistik

1.3 Mehrfachauswahl

1. Bei welchen der folgenden Zielbeziehungen handelt es sich um komplementäre Ziele der Personalwirtschaft?

a) Mitarbeiterzufriedenheit – Mitarbeiterproduktivität
b) Senken der Personalkosten – geringe Mitarbeiterfluktuation
c) Geringe Mitarbeiterfluktuation – Sicherung des Arbeitsplatzes
d) Aufstiegschancen gewährleisten – geringe Mitarbeiterfluktuation
e) Mitarbeiterproduktivität – Aufstiegschancen gewährleisten
f) Arbeitsschutzmaßnahmen – Personalkosten senken.

2. Welche der folgenden Tätigkeiten gehören nicht zu den Aufgaben der Personalwirtschaft?

a) Abrechnen von Arbeitszeitkonten
b) Bereitstellung von Liquidität für die Mitarbeiterentlohnung
c) Organisation von Bewerbungsgesprächen
d) Bearbeitung von Unfallberichten bei Betriebsunfällen
e) Erarbeiten von Laufbahnplänen
f) Führen der Personalakten
g) Buchen von Personalaufwendungen in die GUV
h) Mitwirkung bei Mitarbeiterbeurteilungen
i) Ausstellen von Arbeitszeugnissen.

2. Berechnungen

Aus der Personalstatistik eines Unternehmensbereiches können Sie folgende Daten entnehmen:	
Mitarbeiterzahl:	Geschäftsjahresanfang 244
	Geschäftsjahresende 232
Personalkosten:	16 Mio. € pro Jahr
Umsatz:	48 Mio. € pro Jahr
Produktionsmenge:	240.000 Stück pro Jahr
Arbeitsstunden:	Tatsächliche: 447.120 Stunden pro Jahr Geleistete Überstunden: 13.950 pro Jahr Sollarbeitsstunden: 465.245 pro Jahr Fehlzeiten: 9.770 pro Jahr
Gemeldete Betriebsunfälle:	32

Berechnen Sie

a) die Mitarbeiterproduktivität.
b) die Lohnquote.
c) die Mitarbeiterfluktuationsquote.
d) die Fehlzeitenquote.
e) die Überstundenquote.

Lösungen

1. Wissensfragen

1.1 Lernfragen

1. Z. B. Personalbestandsanalyse, Personalbedarfsplanung, Personalbeschaffung, Mitarbeitermotivation, Personalbeurteilungen durchführen, Personalentlohnung, Personalfreisetzung ...

2. Z. B. Senkung von Personalkosten – Mitarbeitermotivation
Senkung der Personalkosten – Erhöhung der Mitarbeiterproduktivität

3. Personalstruktur: Anzahl der Mitarbeiter
Bewegungsstatistik: Personalfluktuation
Zeitstatistik: Überstunden
Kostenstatistik: Entwicklung der Gehälter

4. Operatives Personalcontrolling: kurz- bis mittelfristiger Zeithorizont, meist wird mithilfe von Kennzahlen gearbeitet.
Strategisches Personalcontrolling: Langfristiger Zeithorizont, Mitarbeiterpotenziale sollen erkannt und gefördert werden.

5. Fehlzeitenquote, Überstundenquote

6. Mitarbeiterleistung und Entwicklungspotenzial

1.2 Zuordnungsaufgaben

1.

Ziele	**Ökonomisches, soziales oder kein Ziel der Personalwirtschaft**
1. Die Mitarbeiter der Vertriebsabteilung sollen den Absatz im folgenden Geschäftsjahr um 5 % erhöhen.	Kein unmittelbares Ziel der Personalwirtschaft (es handelt sich primär um ein Marketingziel).
2. Durch die Einführung einer Gleitzeitregelung soll die Mitarbeiterzufriedenheit erhöht werden.	Soziales Ziel
3. Durch den Abbau von Überstunden sollen Personalkosten gesenkt werden.	Ökonomisches Ziel (Betrifft den Personaleinsatz und Arbeitszeitgestaltung)
4. Durch die Bereitstellung neuer Werkzeuge sollen die Mitarbeiter pro Tag eine höhere Produktionsmenge fertigen.	Kein unmittelbares Ziel der Personalwirtschaft. Das Ziel der Produktivität bezieht sich hier auf den Betriebsmitteleinsatz als Rationalisierung im Rahmen der Produktionswirtschaft.
5. Um die Kapitalbindung zu reduzieren, sollen in der Personalabteilung die Computer nicht gekauft, sondern geleast werden.	Kein Ziel der Personalwirtschaft, es handelt sich hier um ein Ziel der Finanzwirtschaft.
6. Durch die Ausrichtung einer betrieblichen Weihnachtsfeier sollen sich die Mitarbeiter besser kennenlernen.	Soziales Ziel

2.

Daten	**Bereich der Personalstatistik**
Alter Anzahl der Mitarbeiter Ausfallzeiten Personalbestandsveränderungen Betriebsrenten Gehälter Geschlecht Gleitzeitverhalten Personalfluktuation Qualifikation Sozialleistungen Überstunden Versetzungen Zulagen	**Personalbestand und Personalstruktur** Alter Anzahl der Mitarbeiter Geschlecht Qualifikation
	Bewegungsstatistik Personalbestandsveränderungen Personalfluktuation Versetzungen
	Zeitstatistik Ausfallzeiten Überstunden Gleitzeitverhalten
	Kostenstatistik Betriebsrenten Gehälter Sozialleistungen Zulagen

1.3 Mehrfachauswahl

1. **a**, **c**, **d**, **e**
2. **b** (= Aufgabe der Finanzwirtschaft),
   g (= Aufgabe im Rahmen des Jahresabschlusses)

2. Berechnungen

a) Mitarbeiterproduktivität: Sinnvoll ist es, vom durchschnittlichen Mitarbeiterbestand auszugehen:

(244 + 232) : 2 = 238

Mengenbezogen: $\frac{\text{240.000 Stück}}{\text{238 Mitarbeiter}}$ = 1.008 Stück pro Mitarbeiter

oder

Umsatzbezogen: $\frac{\text{48 Mio. €}}{\text{238 Mitarbeiter}}$ = 201.680,67 € Umsatz pro Mitarbeiter

b)

Lohnquote: $\frac{\text{16 Mio. €}}{\text{48 Mio. €}} \cdot 100 = 33{,}33\ \%$

c) Personalabgang = 244 - 232 = 12

Fluktuationsquote $= \frac{\text{12 Mitarbeiter}}{\text{238 Mitarbeiter}} \cdot 100 = 5{,}04\ \%$

d)

Fehlzeitenquote $= \frac{\text{9.770 Stunden}}{\text{465.245 Stunden}} \cdot 100 = 2{,}1\ \%$

e)

Überstundenquote $= \frac{\text{13.950 Stunden}}{\text{447.120 Stunden}} \cdot 100 = 3{,}12\ \%$

II. Personalbedarfsplanung

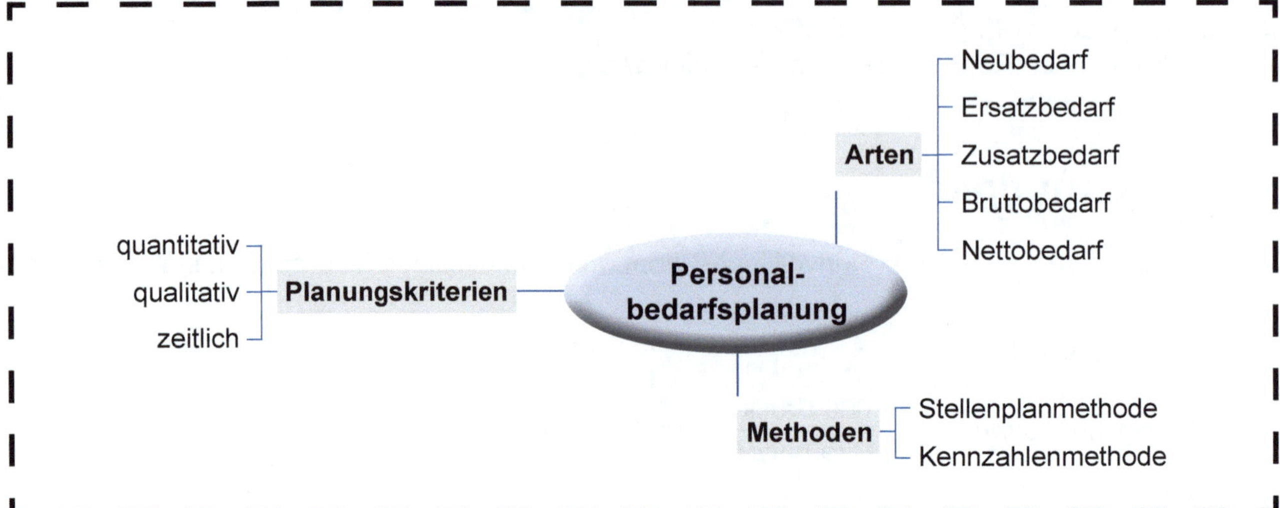

Was muss ich für die Prüfung wissen?

1. Planungskriterien

Bei der Personalplanung wird versucht, für einen zukünftigen Zeitraum den Personalbedarf möglichst exakt vorherzubestimmen. Diese Planung umfasst mehrere Kriterien.

Planungskriterium	Erläuterung
Quantität	Es wird rein mengenmäßig bestimmt, wie viele Arbeitskräfte benötigt werden.
Qualität	Es wird bestimmt, welche Qualifikationen, Fähigkeiten und Fertigkeiten im Unternehmen gebraucht werden.
Zeithorizont	Es muss bestimmt werden, wann bzw. wie lange der Personalbedarf auftritt.

Der Personalbedarf wird von Faktoren bestimmt, die mitunter nicht von betrieblicher Seite zu steuern sind. Solche **externen** Einflüsse sind z. B.

- konjunkturelle Schwankungen
- Konkurrenten kommen hinzu oder fallen weg
- rechtliche oder tarifliche Änderungen der Arbeitszeit.

Auch **betriebsinterne** Faktoren nehmen Einfluss auf den Personalbedarf:

- Einführung neuer Produktionstechniken
- Outsourcing (Ausgliederung von Unternehmensbereichen)
- Offshoring (Verlagerung von Unternehmensbereichen ins Ausland)
- Änderungen des Absatzprogramms
- Altersstruktur der Mitarbeiter
- Mitarbeiterfluktuation.

Der Personalbedarfsplanung geht eine Personalbestandsanalyse voraus. Hierbei wird die Auslastung des vorhandenen Personals betrachtet und untersucht, ob die Anforderungsprofile der Stellen den Qualifikationen der jeweiligen Stelleninhaber entsprechen.

2. Quantitative Personalbedarfsplanung

Bedarfsarten

Es werden folgende Arten des Personalbedarfs unterschieden:

Neubedarf	Ersatzbedarf	Zusatzbedarf
Notwendig für neue Stellen, die durch betriebliche Umstrukturierung, Betriebserweiterung oder Betriebsgründung entstehen.	Ersatz für ausgeschiedenes Personal.	Der Bedarf ist (meist) zeitlich begrenzt und dient dazu, besondere Spitzenbelastungen (z. B. saisonbedingte Auftragseingänge) aufzufangen oder befristete Personalausfälle (z. B. durch Krankheit, Elternzeit, Urlaub) zu decken.

Zur Ermittlung des zukünftigen Personalbedarfs stehen die Stellenplanmethode und die Kennzahlenmethode zur Verfügung.

a) Stellenplanmethode:

Es erfolgt ein Abgleich zwischen aktuellem Personalbestand und dem Stellenplan, der sich aus der Organisationsstruktur des Betriebes ergibt.

Beispiel:

Stellenplan: Einkaufsabteilung			
	Stellen	Personalbestand	Differenz
Abteilungsleiter	1	1	-
Sachbearbeiter	8	7	1
Assistenz	2	1	1

Der Stellenplan zeigt, dass Bedarf an einem Sachbearbeiter und einem Assistenten besteht.

b) Kennzahlenmethode:

Der Personalbedarf wird ermittelt, indem ein Zusammenhang zwischen der Mitarbeiterzahl und bestimmten betrieblichen Kennzahlen (z. B. Umsatz, Ausbringungsmenge oder Produktionsdauer) hergestellt wird.

Beispiel: In einem Metall verarbeitenden Betrieb werden unter anderem monatlich 3.000 Formteile hergestellt. Die Bearbeitungszeit pro Stück beträgt 30 Minuten. Ein Arbeiter arbeitet pro Monat durchschnittlich 150 Stunden.

$$\frac{3.000 \text{ Stück} \cdot 0{,}5 \text{ Stunden}}{150 \text{ Stunden}} = 10$$

Es ergibt sich demnach ein Personalbedarf von 10 Arbeitern.

Ermittlung des Nettobedarfs

Will man ermitteln, wie viel Personal tatsächlich eingestellt werden muss, sind der aktuelle Personalbestand und eventuelle Personalbewegungen zu berücksichtigen.

	Bruttopersonalbedarf
-	Personalbestand
+	Personalabgänge (Kündigungen, Ruhestand ...)
-	erwartete Personalzugänge (Rückkehr aus Elternzeit ...)
=	Nettopersonalbedarf

3. Qualitative Personalbedarfsplanung

Es wird betrachtet, welche Qualifikationen benötigt werden, um entsprechende Aufgaben im Unternehmen auszuüben. Als Grundlage dient häufig die Stellenbeschreibung, in der auch die Anforderungen an den Stelleninhaber aufgezeigt werden. Diese Anforderungen sind meist durch notwendige Ausbildung, Berufserfahrung und benötigte Kenntnisse beschrieben.

Was erwartet mich in der Prüfung?

1. Das Lernlabyrinth

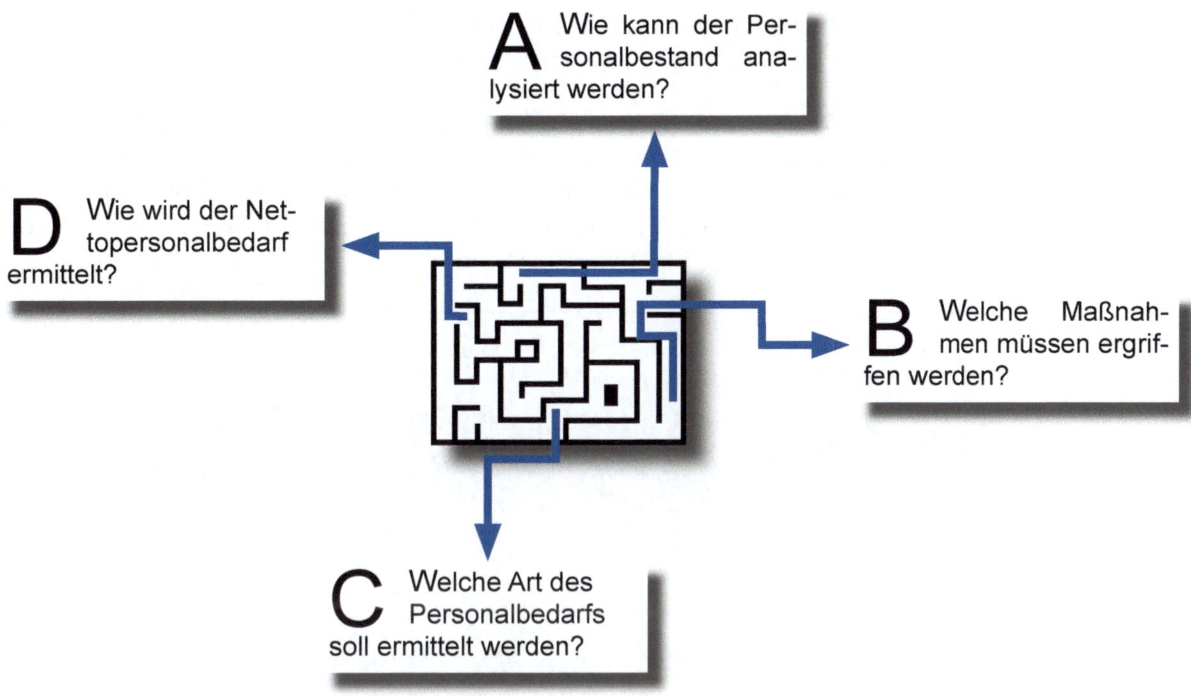

2. Wege aus dem Labyrinth

A Wie kann der Personalbestand analysiert werden?

In der Prüfung sind Aufgaben sehr beliebt, in denen Statistiken oder Grafiken ausgewertet werden sollen. Sie sind meist Bestandteil der Unternehmensbeschreibung in der Aufgabenstellung.

Beispiel: Beschreiben Sie die Altersstruktur der Mitarbeiter gemäß folgender Personalstatistik:

Alter der Mitarbeiter	Anzahl der Mitarbeiter
60 - 65	3
50 - 59	21
40 - 49	15
30 - 39	4
20 - 29	12
unter 20	2

Beachten Sie, dass bei dieser Fragestellung lediglich eine **Beschreibung** der Situation erwartet wird. Im Prinzip reicht es, das wiederzugeben, was in der Tabelle oder einer Grafik dargestellt ist.

Wird nach einer **Interpretation** der Statistik gefragt, sollte die Antwort weitere Aspekte umfassen, wie z. B. der Grund für die Situation oder die Bedeutung für den Betrieb.

Bei der Bearbeitung von solch offenen Fragestellungen ist oft unklar, wie tiefgreifend und ausführlich die Beantwortung erfolgen soll. Es gilt: Nicht vom Wesentlichen abschweifen, Antworten präzise formulieren aber auch nicht mit konkretem Wissen geizen (letztendlich sollen Sie in der Prüfung ja zeigen, was Sie können).

Aus der Vorgabe von Statistiken kann auch verlangt werden, dass von Ihnen geeignete Grafiken erstellt werden, um die Situation zu veranschaulichen. Machen Sie sich mit den verschiedenen Arten grafischer Darstellungsmöglichkeiten vertraut. Geeignet sind meist Säulen-, Balken-, Kreis- oder Tortendiagramme. Hier finden Sie zwei Beispiele:

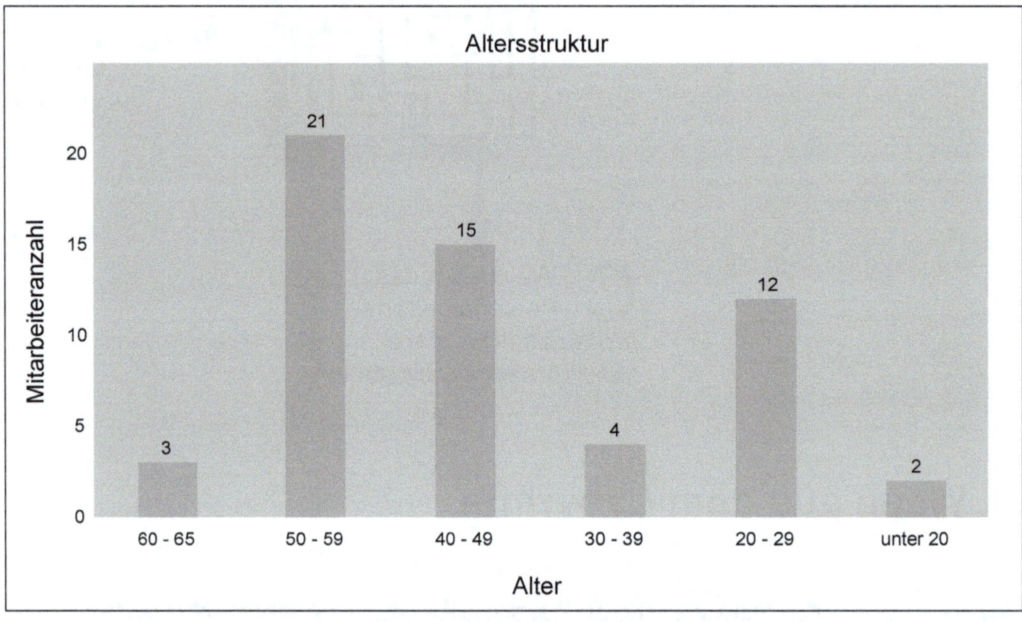

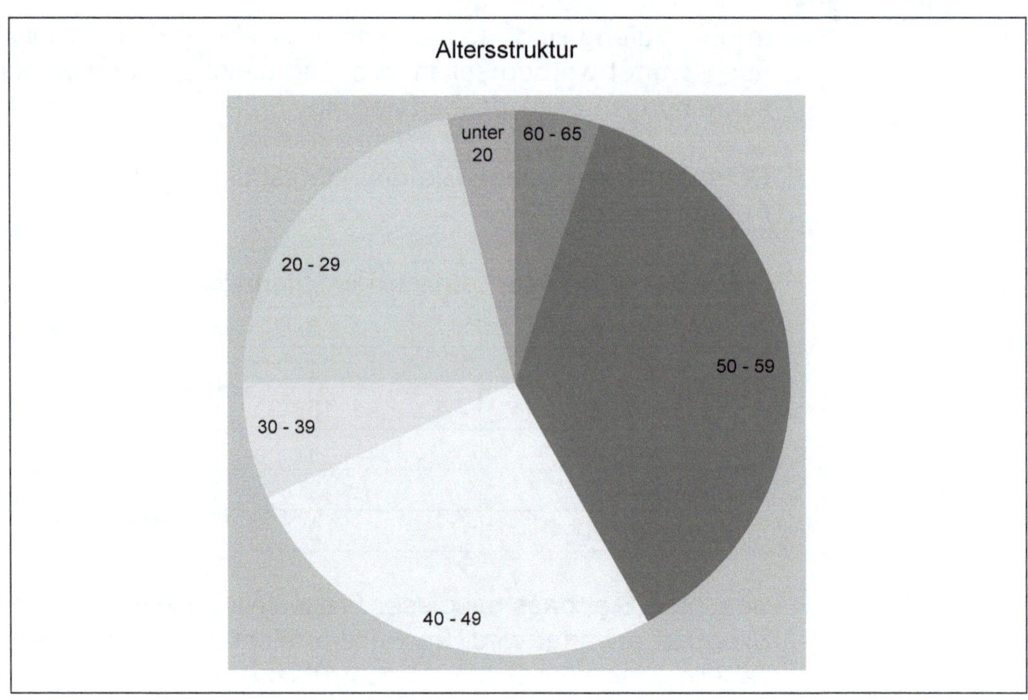

B Welche Maßnahmen müssen ergriffen werden?

Die Maßnahmen müssen sich natürlich auf die Situation beziehen, die als Problematik dargestellt ist.

Problemfeld – z. B.	Geeignete Maßnahmen – z. B.
Überalterung der Belegschaft	Mehr Auszubildende einstellen, Arbeitsattraktivität für junge Mitarbeiter erhöhen (Gehalt, Arbeitszeit, Sozialangebote)
Mangelnde Mitarbeiterqualifikation (Fehlerquoten ...)	Personalentwicklung, Fortbildungen, Anreize für höher qualifizierte Mitarbeiter schaffen, Beförderungschancen verbessern, Qualitätsprämien
Hohe Fehlzeiten der Mitarbeiter	Arbeitsschutzmaßnahmen verbessern, Gesundheitsfürsorge, Mitarbeiterzufriedenheit prüfen (z. B. anonyme Fragebögen)
Schwankende Kapazitätsauslastung	Flexible Arbeitszeitmodelle (Arbeitszeitkonten), Arbeitnehmerüberlassung (Leiharbeiter einsetzen)

Achten Sie darauf, dass Sie **konkrete** Maßnahmen nennen und nicht bei allgemeinen Weisheiten bleiben (also z. B. nicht: „Arbeitssituation der Mitarbeiter verbessern", sondern: „Durch flexiblere Arbeitszeit und bessere Aufstiegschancen soll die Arbeit attraktiver gestaltet werden").

C Welche Art des Personalbedarfs soll ermittelt werden?

Achten Sie genau darauf, nach welchen Zahlen gefragt wird: Soll beispielsweise angegeben werden, wie viele Mitarbeiter nötig sind, um eine bestimmte Aufgabe (z. B. einen Auftrag) zu erledigen, bezieht sich dies auf den Bruttobedarf. Diesen können Sie meist über die Kennzahlenmethode ermitteln.

D Wie wird der Nettopersonalbedarf ermittelt?

Beim Nettobedarf wird noch berücksichtigt, wie viele Mitarbeiter bereits angestellt sind und welche Personalzu- oder -abgänge zu erwarten sind. Der Nettobedarf stellt also dar, wie viel Personal tatsächlich beschafft werden muss.

So trainiere ich für die Prüfung

Aufgaben

1. Wissensfragen

1.1 Lernfragen

1. Durch welche Faktoren wird der Personalbedarf eines Unternehmens beeinflusst?

2. Welche Arten des Personalbedarfs werden unterschieden?

3. Mit welchen Methoden kann der Personalbedarf in quantitativer Hinsicht ermittelt werden?

4. Wodurch unterscheidet sich Brutto- und Nettopersonalbedarf?

5. Erläutern Sie die Stellenplanmethode.

1.2 Mehrfachauswahl

1. Welche der folgenden Aussagen ist richtig?

a) Bei der qualitativen Personalbedarfsermittlung wird bei der Stellenplanmethode die Stellenbeschreibung zugrunde gelegt, um ein Anforderungsprofil zu entwickeln.

b) Ein Zusatzbedarf entsteht nur, wenn zusätzliche Stellen geschaffen werden.

c) Der Nettobedarf berücksichtigt nicht, wenn Mitarbeiter in den Ruhestand gehen.

d) Der Bruttobedarf sagt aus, wie viel Personal tatsächlich beschafft werden muss.

e) Eine hohe Mitarbeiterfluktuation führt zu häufigem Ersatzbedarf.

f) Wenn Mitarbeiter in den Ruhestand gehen, führt dies zu einem Zusatzbedarf.

1.3 Zuordnungsaufgaben

Ordnen Sie zu, welcher Begriff in der jeweiligen Aussage beschrieben wird:

Begriffe: a) Neubedarf
b) Ersatzbedarf
c) Zusatzbedarf
d) Bruttobedarf
e) Nettobedarf.

(Mehrfachnennungen sind möglich)

Aussagen	Begriffe
1. Für den Innenausbau eines Einfamilienhauses benötigt ein Bauunternehmen durchschnittlich fünf Mitarbeiter.	
2. Für die neue Filiale benötigt ein Supermarkt noch eine Kassiererin.	
3. Für Inventurarbeiten werden Hilfskräfte gesucht.	
4. Aufgrund steigender Absatzzahlen wird eine Stelle für einen zusätzlichen Vertriebsmitarbeiter geschaffen.	
5. Da ein Mitarbeiter einen Kuraufenthalt antritt, muss ein Ersatz gefunden werden.	
6. Da ein Mitarbeiter aus der Elternzeit zurückkehrt, aber zwei Mitarbeiter in den Ruhestand gehen, wird ein neuer Mitarbeiter gesucht.	
7. Wegen einer tarifvertraglich vereinbarten Arbeitszeitverkürzung müssen zusätzliche Mitarbeiter eingestellt werden.	

2. Fallsituation

Die Neotec GmbH beschäftigt 32 Arbeitnehmer und erzielte im Vorjahr einen Umsatz von 7.234.000,00 €. Für das aktuelle Jahr wird mit einem Umsatz von 8.100.000,00 € gerechnet. Aus dem Personalinformationssystem erhalten Sie die folgenden Daten:

Alter der Mitarbeiter	Mitarbeiterqualifikation			
	Ungelernte Arbeiter	Angelernte Arbeiter	Facharbeiter	Hochqualifizierte Angestellte
16 - 25	2	1	3	
26 - 40		4	1	
41 - 55			7	2
56 - 65			5	7

a) Mithilfe welcher Methode kann der Personalbedarf bei diesen Angaben ermittelt werden?

b) Berechnen Sie den Bruttopersonalbedarf für das aktuelle Jahr.

c) Welche Kritikpunkte ergeben sich für die Anwendung dieser Methode?

d) Welcher Nettopersonalbedarf ergibt sich für das aktuelle Jahr, wenn bis dahin ein Mitarbeiter in den Ruhestand geht, eine Mitarbeiterin aus der Elternzeit zurückkehrt und zwei Mitarbeiter nach dem Studium wieder bei der Neotec GmbH anfangen werden?

e) Geben Sie an, welcher prozentuale Anteil der Mitarbeiter auf die jeweiligen Altersstufen entfällt.

f) Geben Sie an, welcher prozentuale Anteil der Mitarbeiter auf die jeweiligen Qualifikationsstufen entfällt.

g) Welche zwei Aspekte fallen besonders auf?

h) Schlagen Sie vier Maßnahmen vor, die das Unternehmen mittel- bis langfristig ergreifen sollte, um auf die Ergebnisse Ihrer Auswertung zu reagieren.

Lösungen

1. Wissensfragen

1.1 Lernfragen

1. Externe Faktoren: Z. B. Konkurrentenverhalten, Konjunkturverlauf ...

Interne Faktoren: Z. B. technische Änderungen in der Produktion, Outsourcing, Altersstruktur der Mitarbeiter ...

2. Neubedarf, Ersatzbedarf, Zusatzbedarf (auch möglich: Bruttopersonalbedarf, Nettopersonalbedarf)

3. Stellenplanmethode, Kennzahlenmethode

4. Der Bruttobedarf zeigt, wie viele Mitarbeiter zur Erledigung einer Aufgabe nötig sind, der Nettobedarf zeigt, wie viele Mitarbeiter unter Berücksichtigung aller Zu- und Abgänge noch tatsächlich beschafft werden müssen.

5. Der Personalbedarf wird aus den Vorgaben der Unternehmensorganisation abgeleitet. Es wird der tatsächliche Personalbestand mit dem bestehenden Stellenplan des Unternehmens verglichen.

1.2 Mehrfachauswahl

1. e

1.3 Zuordnungsaufgaben

Aussagen	Begriffe
1. Für den Innenausbau eines Einfamilienhauses benötigt ein Bauunternehmen durchschnittlich fünf Mitarbeiter.	**d**
2. Für die neue Filiale benötigt ein Supermarkt noch eine Kassiererin.	**a**
3. Für Inventurarbeiten werden Hilfskräfte gesucht.	**c**
4. Aufgrund steigender Absatzzahlen wird eine Stelle für einen zusätzlichen Vertriebsmitarbeiter geschaffen.	**a**
5. Da ein Mitarbeiter einen Kuraufenthalt antritt, muss ein Ersatz gefunden werden.	**c**
6. Da ein Mitarbeiter aus der Elternzeit zurückkehrt, aber zwei Mitarbeiter in den Ruhestand gehen, wird ein neuer Mitarbeiter gesucht.	**b** und **e**
7. Wegen einer tarifvertraglich vereinbarten Arbeitszeitverkürzung müssen zusätzliche Mitarbeiter eingestellt werden.	**a** und **d**

2. Fallsituation

a) Es eignet sich die Kennzahlenmethode, um zunächst den Bruttopersonalbedarf zu ermitteln. Als geeignete Kennzahl wird der Umsatz pro Mitarbeiter herangezogen.

A

b) Es muss zunächst berechnet werden, welcher Umsatz auf den einzelnen Mitarbeiter entfällt. Daraus wird der Mitarbeiterbedarf für den zu erwartenden Umsatz abgeleitet.

C

Umsatz pro Mitarbeiter: $\frac{7.234.000{,}00\ €}{32\ \text{Mitarbeiter}} = 226.062{,}50\ €$ pro Mitarbeiter

Notwendige Mitarbeiter für erwartete 8.100.000,00 € Umsatz.

$$\frac{8.100.000{,}00\ €}{226.062{,}50\ €\ \text{pro Mitarbeiter}} = 35{,}8 \approx 36\ \text{Mitarbeiter Bruttopersonalbedarf}$$

c) Es wird ein unmittelbarer Zusammenhang zwischen den benötigten Mitarbeitern und dem getätigten Umsatz unterstellt. Dass sich der Mitarbeiterbedarf proportional zum Umsatz entwickelt, wird in der Praxis wohl nicht der Fall sein. Diese Methode liefert also nur Anhaltspunkte, um den zukünftigen Bedarf zu prognostizieren.

A

d)

	Bruttobedarf	36
-	Personalbestand	32
+	Personalabgänge	1
-	Personalzugänge	3
=	Nettopersonalbedarf	2

D

e)

16 - 25 Jahre: $\frac{6}{32} \cdot 100 = 18{,}75\ \%$

A

26 - 40 Jahre: $\frac{5}{32} \cdot 100 = 15{,}63\ \%$

41 - 55 Jahre: $\frac{9}{32} \cdot 100 = 28{,}13\ \%$

56 - 65 Jahre: $\frac{12}{32} \cdot 100 = 37{,}50\ \%$

A

f)

Ungelernte Arbeiter: $\frac{2}{32} \cdot 100 = 6{,}25\ \%$

Angelernte Arbeiter: $\frac{5}{32} \cdot 100 = 15{,}63\ \%$

Facharbeiter: $\frac{16}{32} \cdot 100 = 50{,}00\ \%$

Hochqualifizierte Angestellte: $\frac{9}{32} \cdot 100 = 28{,}13\ \%$

A

g)
- Der Anteil an älteren Mitarbeitern ist sehr hoch. Nachwuchskräfte fehlen.
- Der rechnerische Anteil an Facharbeitern und hochqualifizierten Mitarbeitern ist zwar hoch, jedoch entfallen diese Qualifikationsstufen vor allem auf die älteren Mitarbeiter. Es ist zu befürchten, dass dem Unternehmen beim Ausscheiden dieser Mitarbeiter wichtige Kompetenzen verloren gehen.

B

h)
- Mehr junge Mitarbeiter einstellen.
- Jungen Mitarbeitern mehr Anreize schaffen, um bei dem Unternehmen zu bleiben.
- Den jüngeren Mitarbeitern mehr Qualifikationsmöglichkeiten bieten (Fortbildungen).
- Jüngeres Personal mit entsprechend hoher Qualifikation einstellen.

III. Personalbeschaffung

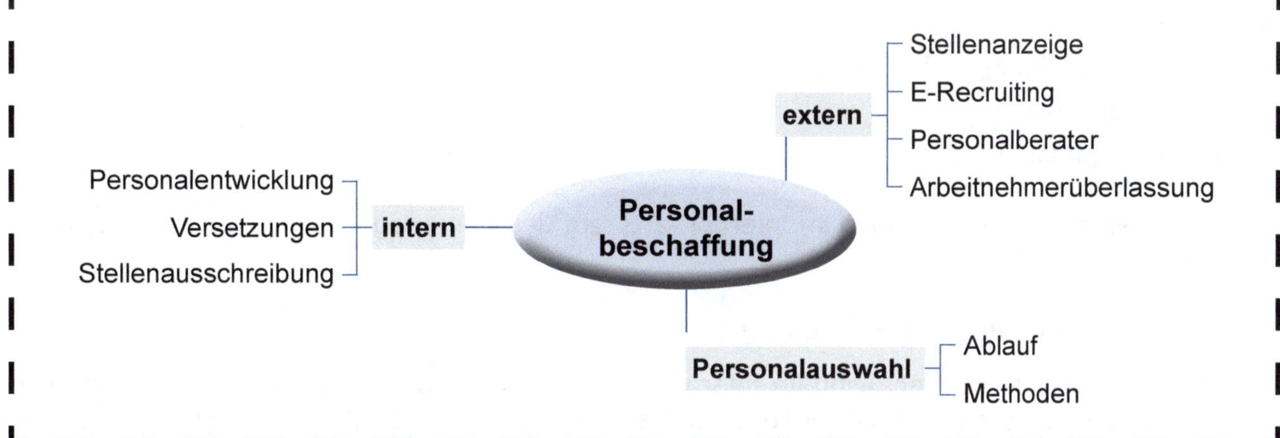

Was muss ich für die Prüfung wissen?

1. Interne Personalbeschaffung

Bei der internen Beschaffung von Personal wird auf bereits vorhandene Mitarbeiter zurückgegriffen. Die Besetzung von Stellen erfolgt meist durch eine **interne Ausschreibung**.

Stellen können aber auch durch gezielte **Versetzungen** von Mitarbeitern besetzt werden. Interne Personalbeschaffung liegt ebenfalls vor, wenn ein Mitarbeiter im Rahmen der **Personalentwicklung** gezielt durch Schulungsmaßnahmen befähigt wird, eine Aufgabe zu übernehmen.

Vorteile der internen Personalbeschaffung:

- Stellen sind meist relativ schnell zu besetzen.
- Der Kostenaufwand ist wesentlich geringer als bei der externen Beschaffung.
- Der Mitarbeiter ist bereits mit dem Unternehmen vertraut.
- Die Motivation der Mitarbeiter ist höher, wenn die Möglichkeit des unternehmensinternen Aufstiegs gegeben ist.

Nachteile der internen Personalbeschaffung:

- Begrenzte Auswahlmöglichkeiten.
- Lediglich Verlagerung des quantitativen Personalbedarfs.
- Befürchtung von Arbeitnehmern, abgelehnt zu werden.

2. Externe Personalbeschaffung

Methoden der externen Personalfindung

a) Stellenanzeigen:

Eine häufig gewählte Methode der Personalfindung ist die Stellenanzeige in einer regionalen oder überregionalen Zeitung. Eine Stellenanzeige sollte die folgenden Inhalte aufweisen:

- kurze Vorstellung des Unternehmens
- Beschreibung der Stelle und damit verbundene Tätigkeiten
- Anforderungen an den Bewerber
- gebotene Leistungen
- formale Anforderungen an die Bewerbungsunterlagen
- Ansprechpartner
- Bewerbungsfrist.

Stellenanzeigen werden oft auch im Internet (z. B. auf der Homepage des Unternehmens) veröffentlicht.

b) Jobportale im Internet/E-Recruiting:

Moderne Formen des E-Recruiting im Internet bieten mehr als die reine Onlinedarstellung einer Stellenanzeige. Bereits frühzeitig wird eine Übereinstimmung von dem Anforderungsprofil der Stelle und den Qualifikationen des Bewerbers gesucht. Die Bewerbung erfolgt oft ebenfalls online, in vielen Fällen werden auch Tests online durchgeführt. Sowohl für Bewerber als auch für Betriebe ergeben sich durch E-Recruiting enorme Vorteile, da durch Filtersysteme nur relevante Stellen angezeigt bzw. nur (ansatzweise) geeignete Bewerber weitergeführt werden.

c) Personalberater (Headhunter):

Besonders für die Besetzung von Führungspositionen werden häufig Personalberater eingesetzt. Der Einsatz bietet sich vor allem dort an, wo Anforderungsprofile sehr komplex sind und die Personalbeschaffung eine besondere Kenntnis über den entsprechenden Arbeitsmarkt erforderlich macht. Ein Personalberater bietet oft auch weitere Dienstleistungen bei der Personalauswahl an (z. B. Durchführung von Tests) und entlastet damit das Unternehmen.

d) Arbeitnehmerüberlassung (Zeitarbeit, Personalleasing):

Bei der Arbeitnehmerüberlassung „leiht" ein Unternehmen mit Personalbedarf von einem Verleiher (Zeitarbeitsfirma) Personal. Es kommen dabei folgende Rechtsbeziehungen zustande, die im Arbeitnehmerüberlassungsgesetz näher bestimmt werden:

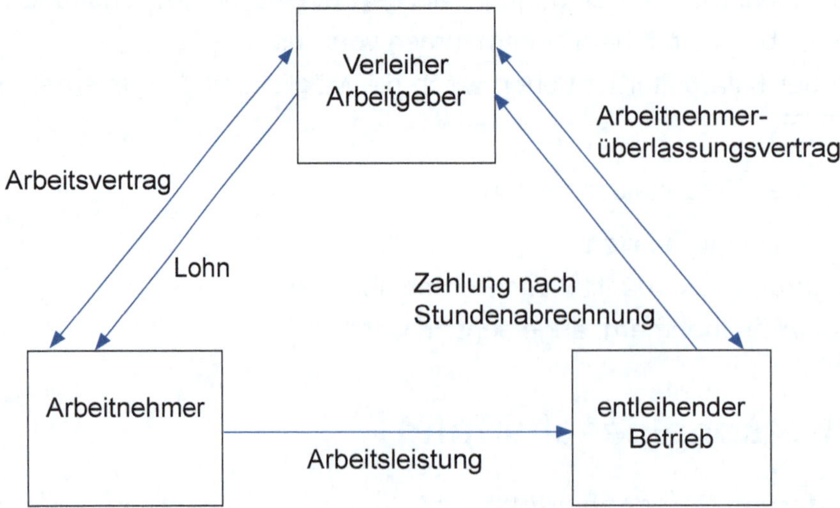

Die Arbeitnehmerüberlassung stellt für den Arbeitnehmer meist nur eine Alternative zur Arbeitslosigkeit dar. Sein Vorteil liegt darin, dass er sich in einem Arbeitsverhältnis befindet. Dafür muss er jedoch unter Umständen mit einer geringeren Entlohnung vorlieb nehmen. Der entleihende Betrieb

kann je nach Auslastung schnell Arbeitnehmer einsetzen, diese aber auch schnell wieder „los werden", ohne Kündigungsfristen oder soziale Aspekte berücksichtigen zu müssen.

Vorteile der externen Personalbeschaffung:

- Neue Ideen und neues Know-how kommen ins Unternehmen.
- Neue Mitarbeiter gehen oft unvoreingenommener an Aufgaben heran (keine Betriebsblindheit).
- Es werden keine Stellen frei, die wieder anderweitig besetzt werden müssen, wie es bei der internen Personalbeschaffung der Fall ist.

3. Personalauswahl

Die Auswahl des Personals erfolgt meist in folgenden Schritten:

- Vorauswahl aufgrund der Bewerbungsunterlagen
- Einladung zu einem Vorstellungsgespräch
- Durchführung von Eignungstests
- Einstellungsgespräch führen
- Abschluss eines Arbeitsvertrages.

Das Vorgehen bei der Personalauswahl kann von Unternehmen zu Unternehmen stark abweichen. Der Auswahlprozess ist auch von der zu besetzenden Stelle abhängig. Bei der Einstellung von Auszubildenden finden häufig Gruppengespräche statt.

Vor allem für Stellen mit Führungsaufgaben sind die Bewerbungsgespräche von besonderer Bedeutung. Diese finden oft in Form von Assessment-Centern statt. Ein Assessment-Center ist ein meist mehrtägiges Auswahlverfahren, in dem vor allem das Verhalten der Bewerber in verschiedenen Situationen betrachtet wird (Entscheidungssituationen, Gruppengespräche, Intelligenztests). Bei Assessment-Centern wird oft hoher psychologischer Druck auf die Bewerber ausgeübt, um ihren Umgang mit Stress zu beobachten.

Was erwartet mich in der Prüfung?

In der Prüfung kann anhand eines Beispielunternehmens eine Bedarfssituation geschildert werden. Ihre Aufgabe kann darin bestehen, Methoden der Personalbeschaffung zu beschreiben oder situationsbezogen zu entwickeln. Weiterhin besteht die Möglichkeit, dass Sie den (organisatorischen) Prozess der Personalbeschaffung erarbeiten müssen oder aus einem vorgegebenen Bewerberkreis eine begründete Einstellungsentscheidung zu treffen haben (z. B. anhand von vorgegebenen Bewerbungsunterlagen).

1. Das Lernlabyrinth

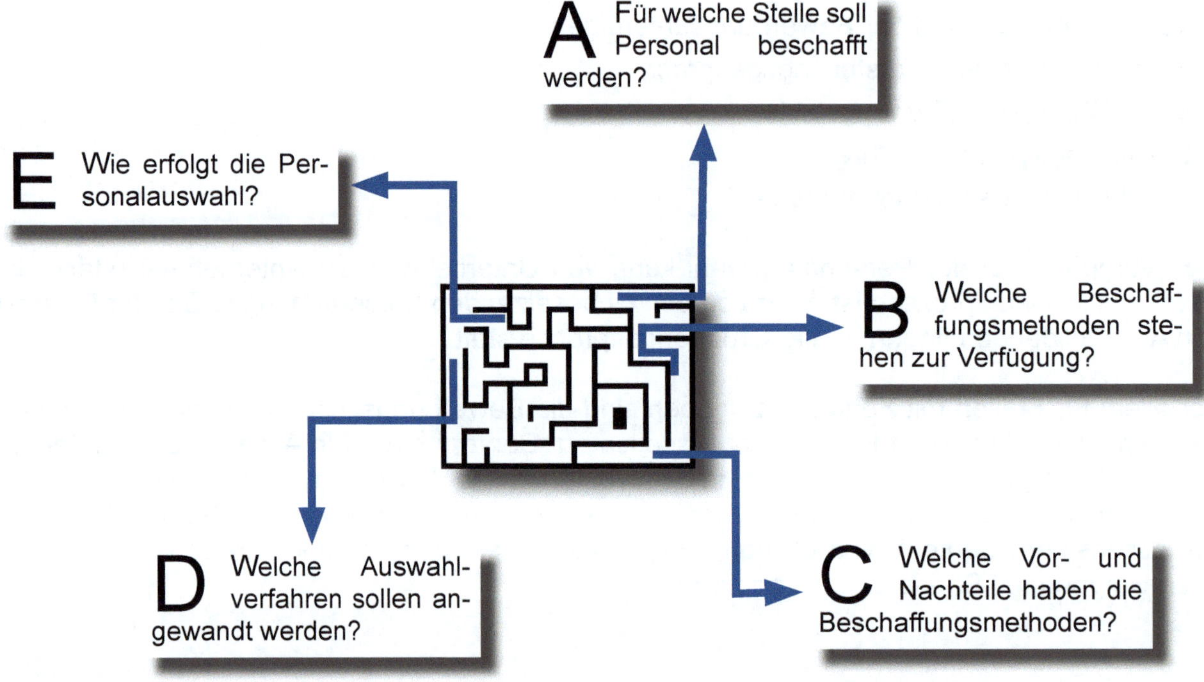

2. Wege aus dem Labyrinth

A Für welche Stelle soll Personal beschafft werden?

Die eigentliche Aufgabenstellung in der Prüfung bezieht sich meist auf die spätere Personalbeschaffung und Personalauswahl. Um dabei die geeigneten Antworten geben zu können, ist es jedoch wichtig zu erkennen, für welche Stelle Personal gesucht wird. Dabei sind folgende Punkte interessant: Hierarchische Stellung im Unternehmen (Stelle im Bereich Management oder ausführende Tätigkeit) und Anforderungsprofil (notwendige Qualifikationen) der zu besetzenden Stelle.

B Welche Beschaffungsmethoden stehen zur Verfügung?

Die Beschaffungsmethode sollte sich auf das gewünschte Bewerberprofil beziehen.

Je nachdem, was für eine Stelle besetzt werden soll, eignet sich nicht jede Beschaffungsmethode. Wenn es um „einfache" Stellen in der Produktion geht, ist der Einsatz von sehr kostenintensiven Beschaffungsmethoden (z. B. Headhunter) nicht geeignet, Auch dürfen die Beschaffungs- und Bewerbungsmethoden keine Kompetenzen erfordern, über die ein Bewerber für diese Stelle wahrscheinlich nicht verfügt. So macht es nur wenig Sinn, für die Stelle eines Hilfsarbeiters im Lager eine komplizierte Onlinebewerbung über ein Internetportal zu fordern.

Auf der anderen Seite können durch Bewerbungsanforderungen bestimmte unterqualifizierte Bewerber im Vorfeld ausgeschlossen werden, da von ihnen dann keine Bewerbung zu erwarten ist.

Sollten Sie in einer Prüfung selbst eine Stellenausschreibung entwickeln müssen, achten Sie auf die Einhaltung des Allgemeinen Gleichbehandlungsgesetzes. Die Stellenausschreibung darf sich z. B. nicht auf das Geschlecht beziehen und keine Altersvorgaben beinhalten.

C Welche Vor- und Nachteile haben die Beschaffungsmethoden?

Die Vor- und Nachteile der verschiedenen Beschaffungsmethoden liegen meist im unterschiedlichen Kosten- und Zeitaufwand. Beachten Sie also eventuelle Angaben in der Aufgabenstellung.

D Welche Auswahlverfahren sollen angewandt werden?

Die Auswahlverfahren müssen sich auf die notwendigen Kompetenzen für die entsprechende Stelle beziehen. Es sollen Fähigkeiten und Fertigkeiten geprüft werden, die auch dem späteren Einsatzgebiet im Betrieb entsprechen.

E Wie erfolgt die Personalauswahl?

Natürlich sollte der Bewerber gewählt werden, dessen Bewerberprofil am besten mit dem Anforderungsprofil der Stelle übereinstimmt („fitting").

Es ist darauf zu achten, dass in der Aufgabenstellung nicht Vorgaben vorhanden sind, die einen sonst geeigneten Bewerber durch bestimmte Kriterien ausschließen (k.o.-Kriterien wie z. B. Vorstrafen, Zugehörigkeit zu extremen politischen Gruppen).

So trainiere ich für die Prüfung

Aufgaben

1. Wissensfragen

1.1 Lernfragen

1. Welche Wege der externen Personalfindung gibt es?

2. Welche Nachteile hat die interne Personalauswahl?

3. Welche Beteiligten gibt es bei der Arbeitnehmerüberlassung?

4. Wer muss im Rahmen der Arbeitnehmerüberlassung die Sozialabgaben abführen?

5. Worin liegt der Vorteil von Assessment-Centern?

6. Welchen Nachteil hat ein Assessment-Center für das einstellende Unternehmen?

1.2 Prozesskette

Ergänzen Sie den folgenden Ausschnitt einer vereinfachten Prozesskette. Tragen Sie folgende Elemente in das Schema auf der nächsten Seite ein[2]:

Als Konnektoren: UND, ODER, XOR

Als Ereignisse, Funktion oder Dokument:

- Absage
- Absage verfassen
- Arbeitsvertrag
- Bewerber ablehnen
- Bewerber einstellen
- Bewerber ist geeignet
- Bewerber kommt infrage
- Bewerber kommt nicht infrage
- Bewerber sind ungeeignet
- Bewerbungsgespräche durchführen
- Bewerbungsgespräche organisieren
- Bewerbungsunterlagen auswerten
- Bewerbungsunterlagen sind eingetroffen
- Bewerbungsunterlagen
- Einladungsschreiben verfassen
- Einladungsschreiben.

Bitte beachten Sie, dass einige Elemente auch mehrfach verwendet werden können.

---

[2] Allgemeine Hinweise zu Prozessketten finden Sie im Trainingsmodul GP 1 „Grundlagen industrieller Geschäftsprozesse“.

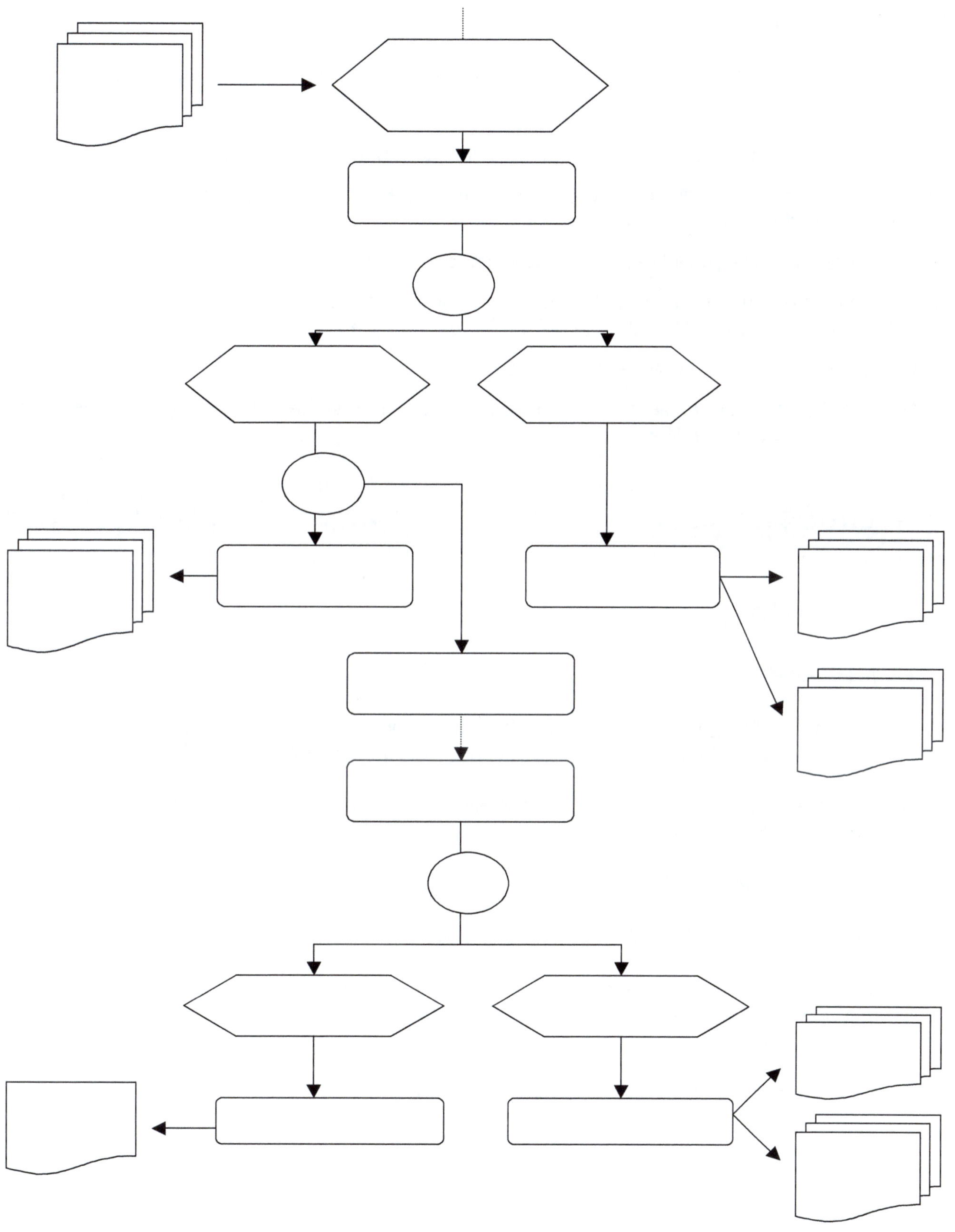

2. Fallsituation

Die Frankenrad GmbH sucht einen neuen Vertriebsleiter. Die Geschäftsleitung schlägt vor, dafür einen Headhunter einzusetzen.

a) Nennen Sie drei Gründe, die für den Einsatz von Headhuntern sprechen.

b) Für die Personalsuche soll eine Anzeige geschaltet werden. Skizzieren Sie, welche Inhalte die Anzeige mindestens enthalten sollte.

c) Welche Vorteile bieten Onlinebewerbungen auf diese Stelle?

d) Die Geschäftsleitung beauftragt Sie, für bestimmte Bewerber ein Assessment-Center vorzubereiten. Nennen Sie fünf Schritte, die bei der Vorbereitung erfolgen müssen.

e) Welche Elemente soll das Assessment-Center enthalten?

f) Nennen Sie drei Fragen, die in einem Gespräch mit den Bewerbern für die Stelle des Vertriebsleiters geklärt werden sollten.

Lösungen

1. Wissensfragen

1.1 Lernfragen

1. Stellenausschreibung (Zeitung, Internet, Unternehmenshomepage), Einsatz von Personalberatern (Headhunter), Online-Plattformen, Arbeitnehmerüberlassung (Leiharbeit).

2. Begrenzte Auswahl; es wird eine andere Stelle frei, die dann zu besetzen ist; Gefahr der Betriebsblindheit (keine neuen Ideen).

3. Verleiher, Arbeitnehmer, Entleiher.

4. Der Verleiher (als Arbeitgeber) führt die Sozialabgaben ab.

5. Es wird ein relativ genauer Einblick in Denk- und Verhaltensmuster der Bewerber ermöglicht. Die Situationen des Assessment-Centers sind der realen Arbeitsanforderung der zu besetzenden Stelle entnommen.

6. Die Durchführung ist sehr zeit- und kostenaufwendig.

1.2 Prozesskette

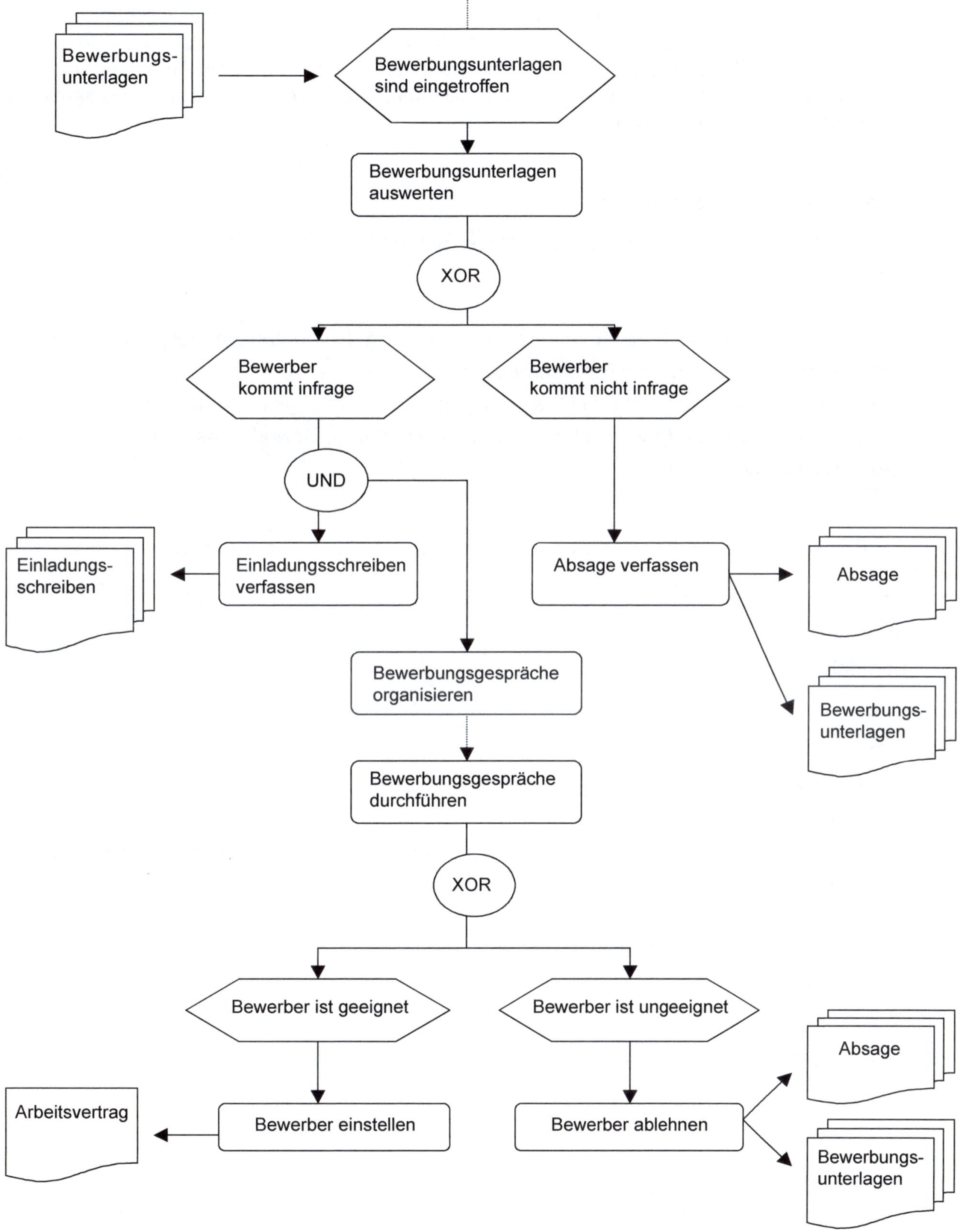

2. Fallsituation

B

a) Headhunter haben gute Marktkenntnis und Beziehungen zu potenziellen Bewerbern. Das Unternehmen muss sich nicht selbst um die Personalbeschaffung kümmern, sondern nimmt eine Dienstleistung in Anspruch. Es wird also kein eigenes Personal mit dieser Aufgabe gebunden. Personalberater übernehmen auch eine Vorauswahl der Bewerber und reduzieren damit den Aufwand der Personalauswahl.

B

b) Inhalte der Stellenausschreibung:

- Firmenprofil (Branche, Unternehmensgröße, Standort, Marktposition ...)
- genaue Stellenbezeichnung
- Einstellungstermin
- Stellenprofil (Aufgabenbereich, hierarchische Stellung, Kompetenzen, Aufstiegschancen)
- notwendige Ausbildung und Berufserfahrung
- persönliches Anforderungsprofil (Teamfähigkeit, Selbstständigkeit, Kreativität ...)
- Bewerbungsmodalität (gewünschte Form der Bewerbung, Bewerbungstermin)
- Ansprechpartner.

A, B, C

c) Die Bewerberdaten sind bereits elektronisch erfasst und leichter auszuwerten.

Durch die Vorgabe einer Eingabemaske muss der Bewerber tatsächlich alle relevanten Daten angeben.

Formfehler werden vermieden.

E

d) Z. B.

- Einladungsschreiben an die entsprechenden Bewerber verschicken
- Räumlichkeiten reservieren
- weitere Personalverantwortliche als Teilnehmer hinzuziehen (Betriebspsychologen, Betriebsrat)
- Tests und Situationen erarbeiten und bereitstellen
- notwendiges Arbeitsmaterial bereitstellen
- Catering organisieren.

E

e) Gruppengespräch, Persönlichkeitstests, Intelligenztests, Entscheidungssituationen, Stresstests.

E

f) Persönliche Ziele, Ziele für das Unternehmen, Wertvorstellungen, Gehaltsvorstellungen ...

IV. Arbeitsstudien

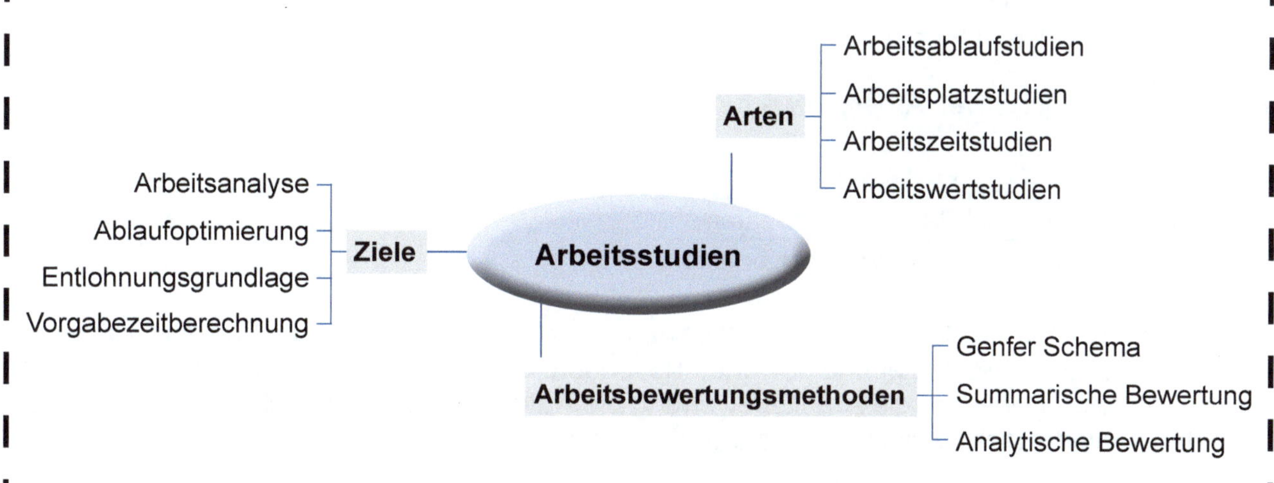

Was muss ich für die Prüfung wissen?

1. Ziele von Arbeitsstudien

- Optimierung von Arbeitsabläufen
- Analyse und Gestaltung von Arbeitsprozessen
- Einstufungsgrundlage für die Entlohnung.

2. Formen von Arbeitsstudien

Formen	Erläuterung
Arbeitsablaufstudie	Es wird die Stellung und Einbindung einer Tätigkeit im betrieblichen Produktionsprozess betrachtet (Betriebsbereich, Abteilung). Dabei wird auch die zeitliche Abfolge von Tätigkeiten berücksichtigt. Die Darstellung kann mithilfe von Netzplänen oder Balkendiagrammen erfolgen.
Arbeitsplatzstudie	Die Arbeitsplatzstudie untersucht die Gestaltung und (technische) Ausstattung des Arbeitsplatzes. Auch ergonomische Aspekte und sinnvolle Anordnung der Arbeitsmittel werden berücksichtigt. Weiterhin wird die Gestaltung des Arbeitsumfeldes (z. B. Temperaturverhältnisse, Beleuchtung, Luftqualität, Geräuschpegel) mit in die Betrachtung einbezogen.
Arbeitszeitstudie	Es wird betrachtet, wie lange die Ausführung einzelner Tätigkeiten dauert. Durch Arbeitszeitstudien sollen vor allem die Vorgabezeiten für bestimmte Arbeitsaufträge festgelegt bzw. überprüft werden.
Arbeitswertstudie	Durch Arbeitswertstudien werden die Schwierigkeitsgrade bestimmter Tätigkeiten ermittelt. Der Schwierigkeitsgrad einer Tätigkeit dient unter anderem als Grundlage für die Einstufung in bestimmte Lohngruppen. Weiterhin werden dadurch Anforderungsmerkmale an das Personal bestimmt.

3. Methoden von Arbeitswertstudien

Durch Arbeitswertstudien soll ermittelt werden, welche Anforderungen eine Tätigkeit an den Mitarbeiter stellt. Die Bewertung soll unabhängig vom Leistungsgrad des jeweiligen Mitarbeiters erfolgen, um so eine objektive Einstufung zu ermöglichen.

Methoden der qualitativen Arbeitsbewertung:

summarisch	analytisch
Rangfolgeverfahren	Rangreihenverfahren
Lohngruppenverfahren	Stufenwertzahlverfahren

Die **summarischen Verfahren** der Arbeitsbewertung sind einfach zu handhaben. Die Tätigkeiten werden als Ganzes betrachtet und bewertet. Besonders das Lohngruppenverfahren ist in der Praxis sehr beliebt. Dabei hat die Arbeitsbewertung die Aufgabe, jeden betrieblichen Arbeitsplatz in eine der tarifvertraglich vereinbarten Lohngruppen einzuordnen.

Das Genfer Schema zur Arbeitsbewertung

Das Genfer Schema stellt verschiedene Anforderungsarten dar, die mit einer Tätigkeit verbunden sein können und von dem analytischen Verfahren benötigt werden:

Gruppenzahl	Hauptanforderungsarten
I.	1. Fachkönnen = geistige Anforderungen 2. Fachkönnen = körperliche Anforderungen
II.	3. Belastung = geistige Beanspruchung 4. Belastung = körperliche Beanspruchung
III.	5. Verantwortung
IV.	6. Arbeitsbedingungen

Mit ihrer differenzierten Bewertung der Arbeit nach einzelnen Anforderungsarten erlauben die **analytischen Verfahren** eine präzisere Arbeitsbewertung. Zur Ermittlung des endgültigen Arbeitswertes sind für jeden Arbeitsplatz

- die Wertziffern in jeder Anforderungsart zu ermitteln und
- die Anforderungsarten durch Äquivalenzziffern zu gewichten.

4. Arbeitszeitstudien

Die Hauptaufgabe von Arbeitszeitstudien liegt in der Bestimmung der Vorgabezeit.

Die Vorgabezeit stellt dar, wie lange ein Arbeiter für die Erledigung einer bestimmten Aufgabe bei normaler Leistung brauchen darf. Sie gibt somit die Sollzeit für die Durchführung einer Aufgabe vor.

Die Bestimmung der Vorgabezeit ist wichtig für

- die Berechnung des Akkordlohnes
- die Berechnung von Durchlaufzeiten
- die Terminplanung von Aufträgen.

Die Vorgabezeit setzt sich aus folgenden Bestandteilen zusammen:

Grundzeit	Verteilzeit	Erholungszeit
Regelmäßig anfallende Zeiten für Tätigkeiten oder Wartezeiten	Unregelmäßig anfallende zusätzliche Tätigkeiten, die zu Arbeitsunterbrechungen führen. Verteilzeiten können auftragsbedingt anfallen (sachliche Verteilzeit) oder durch den Menschen hervorgerufen werden (persönliche Verteilzeit, z. B. Gang zur Toilette).	Dient der Regeneration des Mitarbeiters nach der unmittelbaren Arbeitsbelastung. Bezieht sich nicht auf geplante Pausenzeiten.

Diese Bestandteile finden Anwendung sowohl auf die Ausführungs- als auch auf die Rüstzeiten:

<table>
<tr><th colspan="6">Vorgabezeit (Auftragszeit)</th></tr>
<tr><td colspan="3">Ausführungszeit pro Stück · Auftragsmenge</td><td colspan="3">Rüstzeit</td></tr>
<tr><td colspan="3">Ausführungszeit pro Stück</td><td rowspan="2">Rüst-
grundzeit</td><td rowspan="2">Rüst-
verteilzeit</td><td rowspan="2">Rüst-
erholungszeit</td></tr>
<tr><td>Grundzeit
• Verrichtung
• Wartezeiten (geplant)</td><td>Verteilzeit
• sachlich
• persönlich</td><td>Erholungszeit</td></tr>
</table>

Die Verteil- und Erholzeiten werden als prozentualer Zuschlag zur Grundzeit gerechnet.

Was erwartet mich in der Prüfung?

In der Prüfung kann vor allem auf die Arbeitszeitstudien besonderer Wert gelegt werden, da die Bestimmung der Vorgabezeit auch in Fragestellungen aus dem Prüfungsbereich Leistungserstellung interessant ist. Wenn es darum geht, Durchlaufzeiten für Fertigungsaufträge zu ermitteln, wird das grundlegende Schema der Vorgabezeitermittlung benötigt.

1. Das Lernlabyrinth

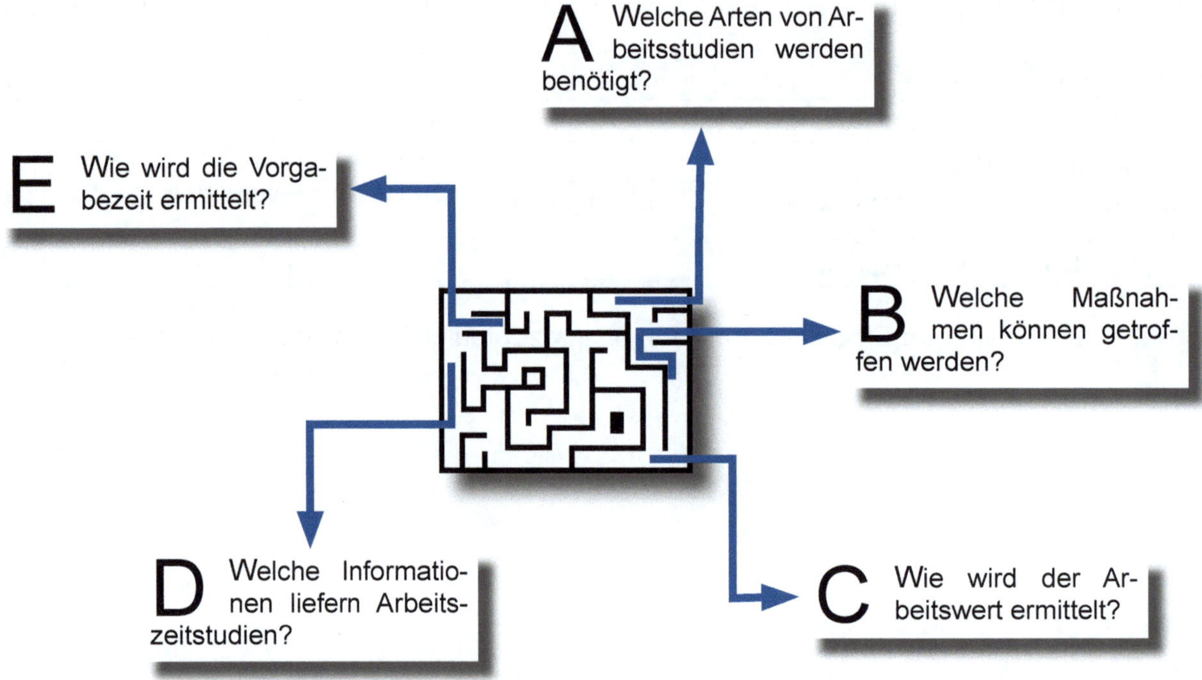

2. Wege aus dem Labyrinth

A Welche Arten von Arbeitsstudien werden benötigt?

In der Prüfungssituation ist es unwahrscheinlich, dass in größerem Maße Arbeitsstudien „durchgeführt“ werden sollen. Fragestellungen werden sich eher darauf beziehen, welche Arten von Arbeitsstudien geeignet sind, um bestimmte betriebliche Informationen zu erhalten.

Achten Sie darauf, welche Problembereiche in der Aufgabenstellung angesprochen werden.

Geht es um Prozesse zwischen verschiedenen Arbeitsplätzen oder darum, wie verschiedene Arbeitsplätze verknüpft oder angeordnet sind, deutet dies auf Arbeitsablaufstudien hin.

Geht es um einzelne Arbeitsplätze und deren Gestaltung (z. B. hinsichtlich Ergonomie oder Arbeitssicherheit), kann sich dies auf Arbeitsplatzstudien beziehen.

Arbeitswertstudien stehen meist mit Lohnzuordnungen in Verbindung.

B Welche Maßnahmen können getroffen werden?

Arbeitsstudien dienen überwiegend der Analyse von betrieblichen Situationen. Je nach Ergebnis der Analyse kann von Ihnen verlangt werden, geeignete Maßnahmen zu finden, um einen Missstand zu beheben oder Abläufe zu optimieren. Achten Sie auch hier genau darauf, welche Problemfelder in der Situationsbeschreibung genannt wurden. Mögliche Problemfelder: zu lange Durchlaufzeiten, unpünktliche Lieferungen an Kunden usw.

Maßnahmen: Abläufe optimieren, z. B. durch Automatisierung, verkürzte innerbetriebliche Transportwege, Arbeitsteilung, Überprüfung der Vorgabezeiten (für Terminplanung) usw.

C Wie wird der Arbeitswert ermittelt?

Arbeitswertstudien stehen meist mit dem Problem der Lohnzuordnung in Verbindung. Wichtig ist die Unterscheidung in summarische und analytische Verfahren.

D Welche Informationen liefern Arbeitszeitstudien?

Die Ergebnisse von Arbeitszeitstudien sind nicht nur für die Personalwirtschaft, sondern vor allem im Rahmen der Fertigungsplanung und -steuerung von Interesse.

Die Vorgabezeit ist wichtiger Bestandteil des Arbeitsplanes und bildet die Grundlage der Terminplanung und damit auch der Maschinenbelegungsplanung. Weiterhin ist sie wesentliche Berechnungsgrundlage für die Akkordentlohnung.

E Wie wird die Vorgabezeit ermittelt?

Die Ermittlung von Vorgabezeiten ist in Prüfungsfragen relativ beliebt und vielfältig einsetzbar. Die Berechnung mit dem gezeigten Schema ist nicht schwierig, es müssen aber einige Fehlerquellen berücksichtigt werden.

- Zeitvorgaben in Arbeitsplänen erfolgen häufig in Dezimalminuten.
- Beachten Sie, welche Tätigkeiten zu Rüstvorgängen gehören (diese fallen pro Los in der Regel nur einmalig an).
- Achten Sie darauf, welche Losgrößen in der Aufgabenstellung vorgegeben sind.

So trainiere ich für die Prüfung

Aufgaben

1. Wissensfragen

1.1 Lernfragen

1. Welche Hauptaufgaben verfolgen Arbeitsstudien?

2. Welche Arten von Arbeitsstudien werden unterschieden?

3. Wie setzt sich die Vorgabezeit zusammen?

4. Was versteht man unter dem Begriff „Verteilzeit"?

5. Wodurch unterscheiden sich summarische und analytische Verfahren der Arbeitsbewertung?

1.2 Mehrfachauswahl

1. Welche Aussagen zur Vorgabezeitermittlung sind richtig?

a) Bei der Grundzeit werden geplante Wartezeiten nicht berücksichtigt.

b) Grundzeiten gelten nur für Ausführungszeiten, nicht für Rüstzeiten.

c) Verteilzeiten können sachlich oder persönlich bedingt sein.

d) Die tägliche Mittagspause der Mitarbeiter fällt unter die Erholungszeit im Rahmen der Auftragszeit.

e) Verteilzeit und Erholungszeit werden meist als prozentualer Zuschlag zur Grundzeit gerechnet.

2. Welche Aussagen zur Arbeitsbewertung sind richtig?

a) Das Rangreihenverfahren zählt zu den summarischen Bewertungsverfahren.

b) Das Lohngruppenverfahren wird in der betrieblichen Praxis nicht angewendet.

c) Bei summarischen Bewertungsverfahren wird die Arbeitsschwierigkeit aufgrund einer Gesamtbeurteilung ermittelt.

d) Das Stufenwertzahlverfahren unterscheidet verschiedene Anforderungsarten.

e) Das Rangreihenverfahren unterscheidet nicht in verschiedene Anforderungsarten.

1.3 Richtig oder falsch?

Geben Sie an, ob folgende Aussagen richtig oder falsch sind:

Aussagen	Richtig oder falsch? Mit Begründung
1. Arbeitsplatzstudien untersuchen die Stellung einer Tätigkeit in der betrieblichen Hierarchie.	
2. Arbeitsplatzstudien beziehen auch die genutzten Betriebsmittel an einem Arbeitsplatz in die Betrachtung ein.	
3. Arbeitszeitstudien untersuchen unter anderem die Effizienz verschiedener Arbeitszeitmodelle (z. B. Gleitzeit, Schichtarbeit ...).	
4. Arbeitszeitstudien dienen der Überwachung der betrieblichen Wochenarbeitszeit der Mitarbeiter.	
5. Bei Arbeitszeitstudien wird die Dauer der Ausführung von einzelnen Arbeitsschritten genau gemessen.	
6. Das Genfer Schema dient der Optimierung von Arbeitsabläufen.	
7. Das Lohngruppenverfahren ist eine summarische Methode der Arbeitsbewertung.	

1.4 Bestimmen Sie die Reihenfolge

Bringen Sie die folgenden Schritte des Stufenwertzahlverfahrens in die richtige Reihenfolge:

Schritte	Reihenfolge
Ermitteln des Gesamtarbeitswerts durch Addition der Anforderungsstufenzahlen	
Arbeitsplatzbeschreibung erstellen	
Zuordnung zur entsprechenden Lohngruppe	
Festlegen der Anforderungsstufenzahl	
Anforderungsarten ermitteln	

2. Fallsituationen

2.1 Fall 1

Die Frankenrad GmbH will die Tätigkeit eines Schlossers (Lohngruppe 4) durch eine Arbeitswertstudie untersuchen. Ziel ist es dabei zu überprüfen, ob die Lohneinstufung angemessen ist.

a) Zur Bewertung hat man sich für das Stufenwertzahlverfahren entschieden. Begründen Sie, welche Argumente gegen die Anwendung summarischer Verfahren sprechen.

b) Nennen Sie vier Kriterien, die Ihrer Meinung nach für die Bewertung der Tätigkeit relevant sind.

c) Ergänzen Sie den folgenden Bogen zur Arbeitsplatzbewertung um folgende Begriffe in sinnvoller Weise:

   Begriffe: Schmutz, Betriebsmittel, Unfallgefahr, Kenntnisse, geistig

Anforderungen	Höchstpunktzahl	Ist-Bewertung
1. Fachkönnen		
•	7	6
• Geschicklichkeit	4	3
2. Anstrengung		
• körperlich	5	3
•	5	4
3. Verantwortung		
• für die Arbeitsqualität	4	3
• für die Sicherheit anderer	3	0
• für	3	3
4. Umgebungseinflüsse		
• Temperaturbeeinflussung	2	0
•	3	1
• Gase, Dämpfe etc.	3	0
•	3	1
• Lärm, Blendung	3	2
Summe der Punkte	45	

d) Überprüfen Sie, ob die bisherige Lohngruppenzuordnung korrekt war.

Arbeitswert (Punktwerte)	Lohngruppen
0 - 10	1
11 - 15	2
16 - 20	3
21 - 25	4
26 - 30	5
31 - 35	6
...	...

2.2 Fall 2

In der Perfektform GmbH liegt ein Fertigungsauftrag über 200 Werkstücke vor. Für die an der Drehmaschine zu verrichtenden Arbeiten sind folgende Daten aus dem Arbeitsplan bekannt:

Arbeits-folge	Arbeitsvorgang	Zeitvorgabe in Dezimalminuten	Zeitart
1	Auftrag und Zeichnung lesen	1,0	t_{rg}
2	Werkzeug bereitlegen	1,0	t_{rg}
3	Werkzeug einspannen	0,5	t_{rg}
4	Maschine einstellen	1,0	t_{rg}
5	Werkstück einspannen	0,5	t_g
6	Werkzeug anstellen, Maschine einschalten	0,2	t_g
7	Bohrung ausdrehen, 1. Span	1,2	t_g
8	Zurückfahren und Werkzeug anstellen	0,1	t_g
9	Bohrung ausdrehen, 2. Span	1,4	t_g
10	Zurückfahren und Werkzeug anstellen	0,1	t_g

11	Plandrehen	2,4	t_g
12	Werkstück ablegen	0,1	t_g
13	Werkzeug ausspannen und aufräumen	0,8	t_{rg}

t_{rg} = Rüstgrundzeit t_g = Grundzeit

Der Verteilzeitzuschlag für Rüst- und Ausführungszeiten beträgt 7 %, der Erholungszeitzuschlag für Rüst- und Ausführungszeiten 3 %.

a) Ermitteln Sie die Ausführungszeit der Dreharbeiten für den Fertigungsauftrag in Dezimalminuten.

b) Ermitteln Sie die Vorgabezeit der Dreharbeiten für den Fertigungsauftrag in Stunden.

Lösungen

1. Wissensfragen

1.1 Lernfragen

1. Arbeitsabläufe werden analysiert und optimiert, Kriterien für die Leistungsbewertung werden ermittelt, sie liefern die Grundlage der Lohn- und Gehaltsfindung.

2. Arbeitsablaufstudien, Arbeitsplatzstudien, Arbeitswertstudien, Arbeitszeitstudien.

3. Die Vorgabezeit setzt sich aus der Ausführungszeit und der Rüstzeit zusammen; zu den jeweiligen Grundzeiten werden Verteilzeit und Erholungszeit addiert.

4. Verteilzeiten fallen ungeplant und unregelmäßig an und gehören nicht unbedingt zur Erfüllung der konkret übertragenen Aufgaben (z. B. Maschinenausfälle, Essen, Trinken, private Verrichtungen etc.).

5. Bei summarischen Verfahren werden die Tätigkeiten als Ganzes bewertet. Eine Betrachtung einzelner damit verbundener Anforderungsarten findet nicht statt. Bei analytischen Verfahren werden einzelne Anforderungsarten unterschieden und quantifiziert.

1.2 Mehrfachauswahl

1. **c** und **e**

2. **c** und **d**

1.3 Richtig oder falsch?

Aussagen	Richtig oder falsch? Mit Begründung
1. Arbeitsplatzstudien untersuchen die Stellung einer Tätigkeit in der betrieblichen Hierarchie.	**Falsch.** Eine hierarchische Betrachtung findet nicht statt. Es steht die Untersuchung des jeweiligen Arbeitsplatzes im Vordergrund, nicht seine betriebliche Einbindung.
2. Arbeitsplatzstudien beziehen auch die genutzten Betriebsmittel an einem Arbeitsplatz in die Betrachtung ein.	**Richtig.** Die Optimierung der Betriebsmittelnutzung ist ein zentraler Punkt der Arbeitsplatzstudie.
3. Arbeitszeitstudien untersuchen unter anderem die Effizienz verschiedener Arbeitszeitmodelle (z. B. Gleitzeit, Schichtarbeit ...).	**Falsch.** Ein Bezug zu Arbeitszeitmodellen ist nicht gegeben.
4. Arbeitszeitstudien dienen der Überwachung der betrieblichen Wochenarbeitszeit der Mitarbeiter.	**Falsch.**
5. Bei Arbeitszeitstudien wird die Dauer der Ausführung von einzelnen Arbeitsschritten genau gemessen.	**Richtig.** Es werden auch einzelne Bewegungsabläufe mit der Stoppuhr gemessen.
6. Das Genfer Schema dient der Optimierung von Arbeitsabläufen.	**Falsch.** Das Genfer Schema stellt einzelne Anforderungsarten dar.
7. Das Lohngruppenverfahren ist eine summarische Methode der Arbeitsbewertung.	**Richtig.**

1.4 Bestimmen Sie die Reihenfolge

Schritte	Reihenfolge
Ermitteln des Gesamtarbeitswerts durch Addition der Anforderungsstufenzahlen	**4.**
Arbeitsplatzbeschreibung erstellen	**1.**
Zuordnung zur entsprechenden Lohngruppe	**5.**
Festlegen der Anforderungsstufenzahl	**3.**
Anforderungsarten ermitteln	**2.**

2. Fallsituationen

2.1 Fall 1

A

a) Die Bewertung einer Tätigkeit als Ganzes ist sehr ungenau und häufig subjektiv. Eine Bewertung von einzelnen Anforderungsarten führt zu objektiveren Ergebnissen.

C

b) Z. B. Bewertungskriterien nach dem Genfer Schema:
Fachkönnen, Anstrengung, Verantwortung, Umwelteinflüsse

c)

C

Anforderungen	Höchstpunktzahl	Ist-Bewertung
1. Fachkönnen		
• **Kenntnisse**	7	6
• Geschicklichkeit	4	3
2. Anstrengung		
• körperlich	5	3
• **geistig**	5	4
3. Verantwortung		
• für die Arbeitsqualität	4	3
• für die Sicherheit anderer	3	0
• für **Betriebsmittel**	3	3
4. Umgebungseinflüsse		
• Temperaturbeeinflussung	2	0
• **Schmutz**	3	1
• Gase, Dämpfe etc.	3	0
• **Unfallgefahr**	3	1
• Lärm, Blendung	3	2
Summe der Punkte	45	**26**

d) Mit 26 erreichten Bewertungspunkten muss eine Einstufung in Lohngruppe 5 erfolgen. Die Einstufung in Lohngruppe 4 war nicht korrekt.

C

2.2. Fall 2

Hinweis: (1 Dezimalstunde = 100 Dezimalminuten)

a) Die Summe der Ausführungszeiten für ein Werkstück beträgt 6 Dezimalminuten. Für 200 Werkstücke ergibt sich also eine Grundzeit von 1.200 Dezimalminuten. Dazu sind 10 % für Verteilzeit und Erholungszeit zu addieren:

D, E

Die Ausführungszeit beträgt 1.320 Dezimalminuten.

b) Die Rüstvorgänge dauern 4,3 Dezimalminuten. Dazu sind 10 % für Verteilzeit und Erholungszeit zu addieren (= 4,73 Dezimalminuten).

D, E

Für den Fertigungsauftrag ergibt sich eine Vorgabezeit von 1.324,73 Dezimalminuten (= 13,25 Stunden = 13 Stunden und 15 Minuten).

V. Personalführung

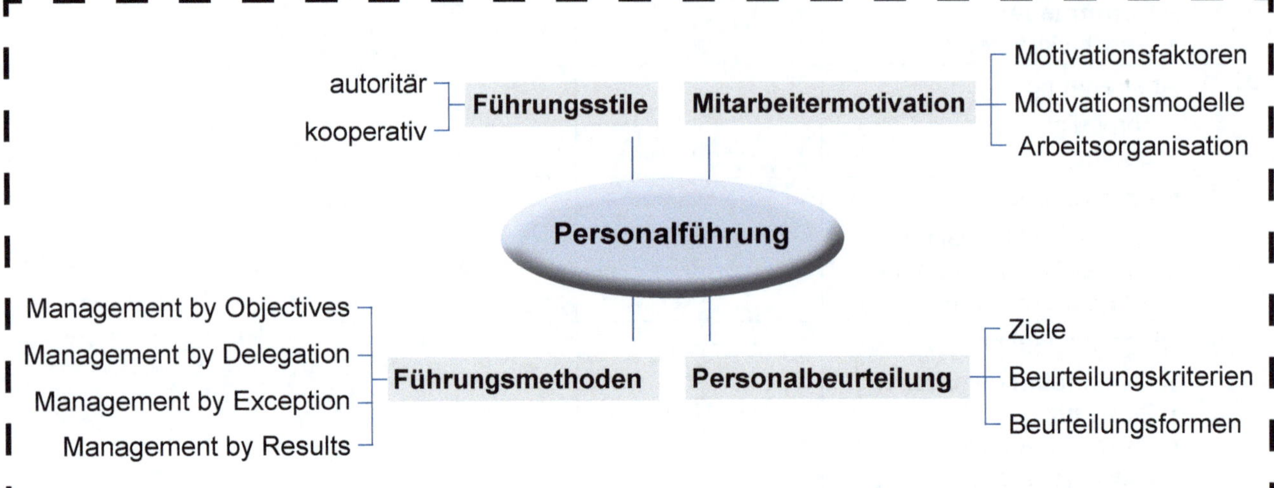

Was muss ich für die Prüfung wissen?

1. Aufgaben der Personalführung

Aufgabe der Personalführung ist es, die Leistungsbereitschaft der Mitarbeiter zu fordern und zu fördern und auch die vom Mitarbeiter erbrachte Leistung zu bewerten und zu kontrollieren.

2. Führungsstile

In welcher Weise ein Vorgesetzter seine Führungsaufgabe wahrnimmt, kann sehr unterschiedlich sein. Der Führungsstil eines Vorgesetzten hängt im Wesentlichen von folgenden Faktoren ab:

- Persönlichkeit des Vorgesetzten (Menschenbild, Fähigkeiten, Einstellung gegenüber seinen Mitarbeitern)
- Persönlichkeit der Mitarbeiter (Verantwortungsbereitschaft, Fähigkeiten, Interessen, Motivation)
- Aufgabenfeld des Mitarbeiters.

Das Vorgesetztenverhalten ist stark davon geprägt, welchen eigenen Leistungswillen er den Mitarbeitern unterstellt. In der Wissenschaft werden zwei Extrempositionen gegenübergestellt (nach Douglas McGregor [1906 - 1964]):

Wer Arbeit kennt und sich nicht drückt – der ist verrückt

Theorie X	• Der Durchschnittsmensch hat eine angeborene Abneigung gegen Arbeit und versucht, ihr aus dem Weg zu gehen. • Weil der Mensch durch Arbeitsunlust gekennzeichnet ist, muss er energisch geführt und streng kontrolliert werden, damit die Unternehmensziele erreicht werden können. • Der Widerwille gegen die Arbeit ist so stark, dass sogar das Versprechen höheren Lohnes nicht reicht, ihn zu überwinden. Dazu bedarf es noch der Androhung von Strafe bei Zuwiderhandeln gegen die Regeln. • Menschen ziehen es vor, Routineaufgaben zu erledigen, besitzen verhältnismäßig wenig Ehrgeiz und sind vor allem auf Sicherheit aus. • Die meisten Menschen scheuen sich vor der Übernahme von Verantwortung.
Theorie Y	• Für Ziele, denen sie sich als Menschen verpflichtet fühlen und die sie als sinnvoll erkennen, erlegen sie sich bereitwillig Selbstdisziplin und Selbstkontrolle auf. • Wie sehr sich Menschen organisatorischen Zielen verpflichtet fühlen, ist davon abhängig, inwieweit ihre Erreichung zugleich eine Erfüllung persönlicher Ziele erlaubt. • Die Gabe, Vorstellungskraft, Urteilsvermögen und Kreativität für die Lösung organisatorischer Probleme zu entwickeln, ist in der Bevölkerung weit verbreitet. Unter den Bedingungen der modernen Arbeit sind die Talente, über die der Durchschnittsmensch verfügt, in der Regel nur zum geringen Teil genutzt. • Bei geeigneten Bedingungen wollen Menschen Verantwortung nicht nur übernehmen, sondern sie suchen sie sogar.

Je nachdem, welches Bild der Vorgesetzte von seinen Mitarbeitern hat, wird er sein Führungsverhalten entsprechend anpassen.

Durch folgende Zusammenhänge wird sich sein jeweiliges Verhalten für den Vorgesetzten als richtig bestätigen:

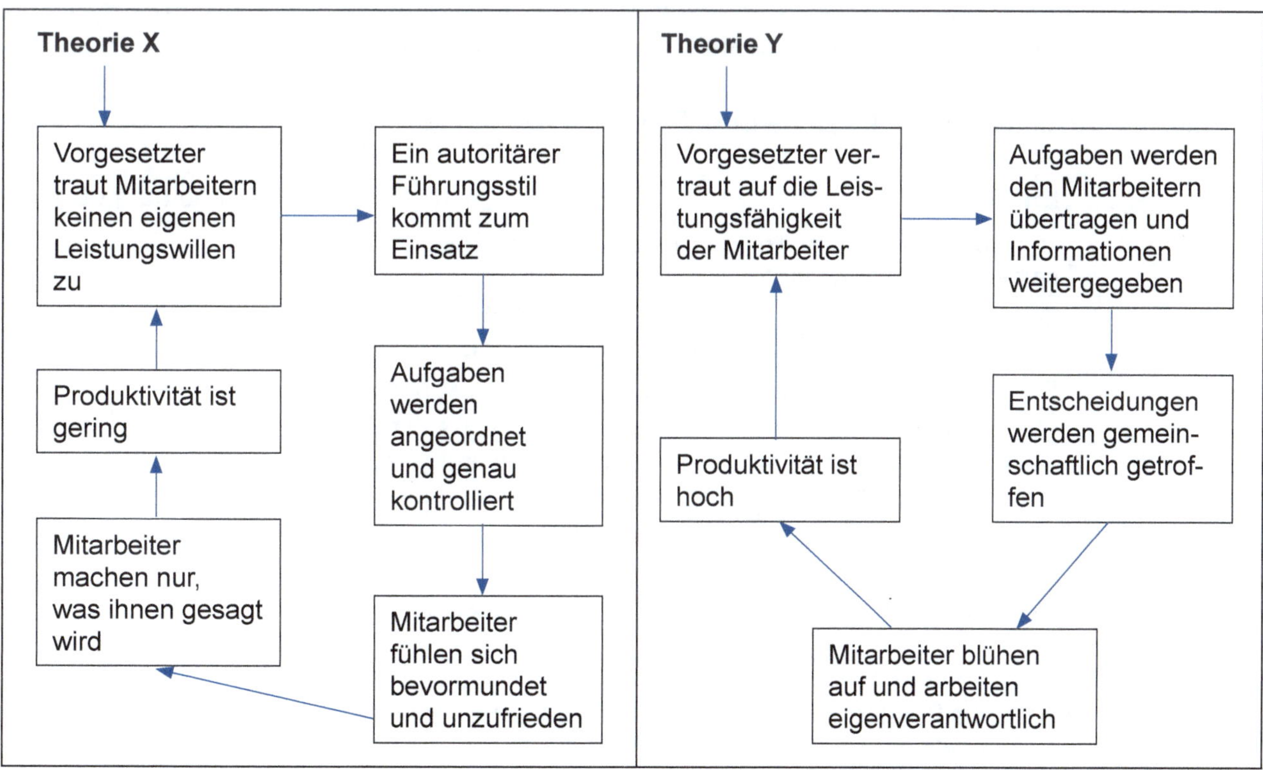

Der Führungsstil kann folglich nach dem **Entscheidungsspielraum** bestimmt werden, der dem Mitarbeiter durch den Vorgesetzten eingeräumt wird:

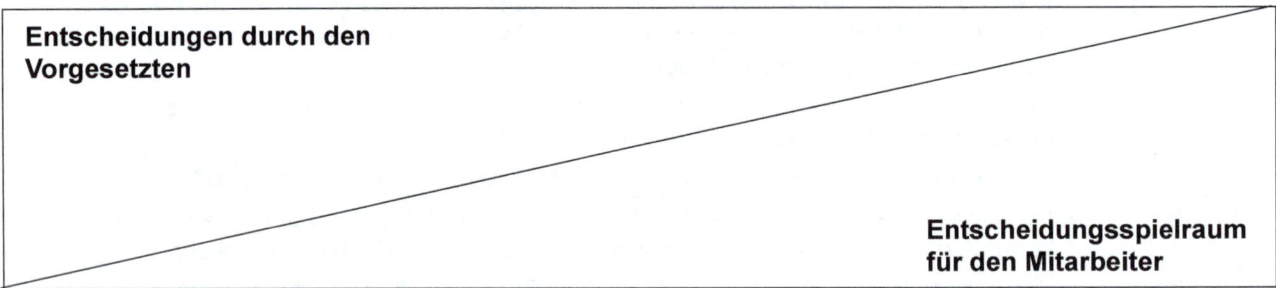

Merkmale des autoritären Führungsstils

- Der Vorgesetzte trifft sämtliche Entscheidungen.
- Er ordnet an, was der Mitarbeiter zu tun hat.
- Mitarbeiter erhalten kaum Informationen (nur für die unmittelbare Ausübung ihrer Tätigkeit).

Merkmale des kooperativen Führungsstils

- Entscheidungen werden meist im Team getroffen.
- Der Vorgesetzte koordiniert die Gruppe.
- Der Vorgesetzte vertritt die Gruppe nach außen.
- Die Gruppe und einzelne Mitarbeiter übernehmen Aufgaben weitgehend eigenverantwortlich.

Autoritärer und kooperativer Führungsstil sind als Extremausprägungen zu betrachten. Zwischen diesen Führungsstilen gibt es eine Vielzahl von Ausprägungsformen.

Bei dieser Abstufung können folgende Begriffe verwendet werden:

Führungsstil	Erklärung	Entscheidungsfreiheit
autoritär	Der Vorgesetzte trifft alle Entscheidungen und setzt diese bei seinen Mitarbeitern durch.	–
patriarchalisch	Der Vorgesetzte entscheidet, erklärt seine Entscheidungen aber und versucht die Mitarbeiter davon zu überzeugen.	
beratend	Der Vorgesetzte informiert die Mitarbeiter und lässt Meinungsäußerungen zu, die seine Entscheidungen beeinflussen können.	
konsultativ	Die Gruppe erarbeitet verschiedene Vorschläge, aus denen der Vorgesetzte die seiner Meinung nach besten auswählt.	
partizipativ	Die Gruppe entscheidet im vorgegebenen Spielraum eigenständig.	
demokratisch/ kooperativ	Die Gruppe entscheidet autonom, der Vorgesetzte koordiniert.	+

Ein weiterer Ansatz zur Festlegung des Führungsstils liegt in der Zielausrichtung des Vorgesetzten. Die Ziele können sein:

- **Aufgabenorientiert:** Die Erfüllung der Leistungsziele steht im Hauptinteresse des Vorgesetzten. Die quantitative und qualitative Zielerfüllung der Mitarbeiter steht im Vordergrund.

- **Mitarbeiterorientiert:** Die Bedürfnisse der Mitarbeiter stehen im Fokus des Vorgesetzten. Achtung und emotionale Bindung gegenüber den Mitarbeitern stehen im Vordergrund.

3. Führungstechniken (Führungsmethoden)

Bei einem kooperativen Führungsstil können die folgenden Methoden angewendet werden:

Management by Objectives	Vorgesetzter und Mitarbeiter vereinbaren gemeinsam Ziele, die vom Mitarbeiter erreicht werden sollen.
Management by Exception	Der Mitarbeiter ist weitgehend eigenständig, der Vorgesetzte greift nur ein, wenn außergewöhnliche Situationen dies erforderlich machen oder wenn die Ergebnisse des Mitarbeiters stark von seinen Vorgaben abweichen.
Management by Delegation	Bestimmte Kompetenzen und Handlungsbereiche werden an den Mitarbeiter abgegeben.
Management by Results	Die Führung erfolgt durch die Überwachung von konkreten Ergebnissen, die vom Vorgesetzten vorgegeben wurden (z. B. Umsatz, Produktionsmenge, Gewinn).

Die dargestellten Methoden sind in der Praxis nicht immer trennscharf und können auch als Mischformen auftreten.

4. Mitarbeitermotivation

Eine Führungsaufgabe besteht darin, Mitarbeiter zur Leistungserbringung zu motivieren. Man unterscheidet dabei die intrinsische und extrinsische Motivation:

Motivationsfaktoren

Extrinsische Motivation entsteht durch Faktoren, die von außen auf den Mitarbeiter einwirken. Extrinsische Motivationsfaktoren können sein:

- Belohnung (Einkommen, Einkommensverbesserung, Provision, Sonderurlaub)
- Angst vor Bestrafung (Versetzung, Einkommenseinbußen, Entlassung).

Bei der **intrinsischen Motivation** erwächst der Handlungsantrieb aus der Bedeutung der Aufgabe an sich. Die Motivation wird also nicht von außen gesetzt, sondern man erhält die Motivation aus seiner Tätigkeit selbst.

Motivationsmodell nach Maslow

Das Model der Bedürfnispyramide nach Maslow unterstellt, dass der Mensch durch seine Bedürfnisse zum Handeln motiviert wird. Dabei unterliegen diese Bedürfnisse einer gewissen Hierarchie. Erst wenn untere Bedürfnisse gestillt sind, wirken die höheren als motivierend.

Das Modell entstammt der humanistischen Psychologie und ist nur im übertragenen Sinn auf die betriebliche Praxis anwendbar (dennoch aber oft zitiert).

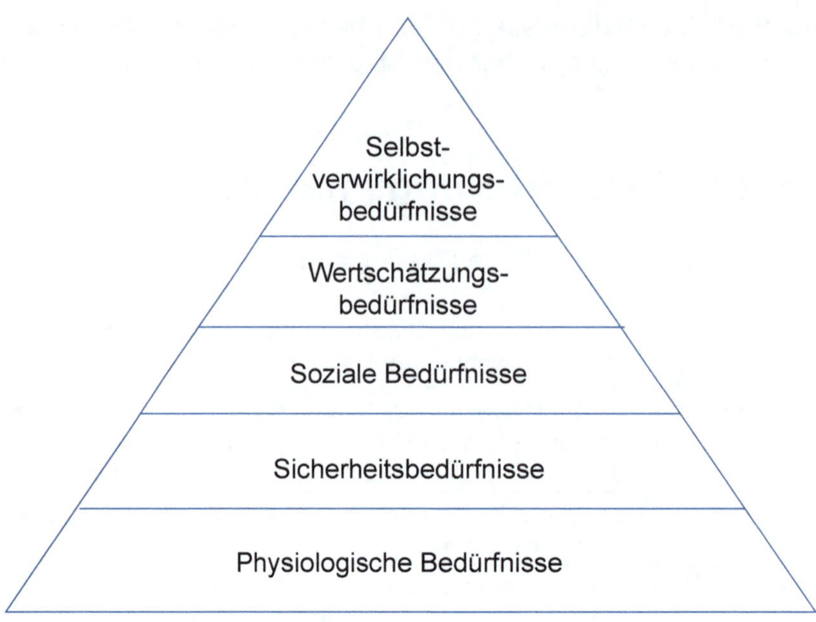

Bedürfnis	Beispiele	Motivationswirkung
Physiologische Bedürfnisse	Nahrung, Gesundheit, Wohnraum	↓
Sicherheitsbedürfnisse	Schutz vor Gefahr, Recht und Ordnung, Arbeitsplatzsicherheit	
Soziale Bedürfnisse	Familie, Freunde, Kommunikation	
Wertschätzungsbedürfnisse	Anerkennung, Status, Einfluss	
Selbstverwirklichungsbedürfnisse	Entfaltung, Selbstbestimmung, Erkenntnisgewinn	

Motivation durch die Arbeitsorganisation

Organisationsmaßnahme	Beschreibung	Motivation
Job Rotation	Mitarbeiter wechseln systematisch die Arbeitsplätze. Die jeweiligen Arbeitsplätze weisen das gleiche Anforderungsniveau auf.	Vermeidung von Monotonie. Flexible Einsatzmöglichkeit der Mitarbeiter.
Job Enlargement	Die Aufgaben eines Mitarbeiters werden um einen Tätigkeitsbereich erweitert, der auf gleichem Anspruchsniveau liegt.	Breiteres Tätigkeitsfeld
Job Enrichment	Die Aufgaben eines Mitarbeiters werden um einen Tätigkeitsbereich angereichert, der qualitativ höherwertig ist. Diese Aufgaben umfassen i. d. R. weitere Verantwortungsbereiche, wie Planungs- oder Kontrolltätigkeiten.	Höhere Verantwortung
Teilautonome Arbeitsgruppen	Die Arbeitsgruppe kann Abläufe innerhalb der Gruppe selbst regeln. Die Gruppe kann eigenverantwortlich Entscheidungen treffen (je nach zugestandenen Kompetenzen und dem Grad der Selbststeuerung). Ziele sind der teilautonomen Arbeitsgruppe meist vorgegeben.	Übernahme von Verantwortung. Soziale Bindungen. Einzelne Gruppenmitglieder profitieren von den Stärken anderer Gruppenmitglieder.

5. Personalbeurteilung

Die Personalbeurteilung ist Grundlage für verschiedene Entscheidungen:

- Festlegung der Entlohnung
- Beförderungen
- Stellenbesetzung
- Personalfreisetzung
- Maßnahmen der Personalentwicklung.

Beurteilungskriterien

Die Beurteilung der Mitarbeiter soll objektiv erfolgen und vergleichbar sein. Darum sollten einheitliche Beurteilungskriterien festgelegt werden.

Beurteilungskriterien können z. B. sein:

- Fachkenntnisse (Bildung, Weiterbildung)
- Leistungsquantität (Arbeitsmenge)
- Leistungsqualität (Fehlerquote)
- Arbeitssorgfalt (Umgang mit Arbeitsmitteln)
- Zuverlässigkeit
- Sozialverhalten (Umgang mit Kollegen).

Arten von Personalbeurteilungen

Eine Art der Einteilung in verschiedene Arten der Beurteilung erfolgt nach der Frage „Wer beurteilt wen?“:

- Mitarbeiterbeurteilung (Vorgesetzter beurteilt Mitarbeiter)
- Vorgesetztenbeurteilung (Mitarbeiter beurteilt Vorgesetzten)
- Gleichgestelltenbeurteilung (Kollegenbeurteilung)
- Selbstbeurteilung
- Beurteilung durch Externe.

Beurteilungsformen

Freie Beurteilung	Das Arbeitsverhalten wird ohne die Vorgabe konkreter Beurteilungskriterien beschrieben. Der Beurteilungsspielraum ist entsprechend weit gefasst. Es besteht aber die Gefahr, dass die Objektivität der Beurteilung verloren geht.
Systematische Beurteilung	Das Beurteilungsverfahren ist durch die Vorgabe fester Beurteilungskriterien und entsprechender Messgrößen festgelegt.

Was erwartet mich in der Prüfung?

1. Das Lernlabyrinth

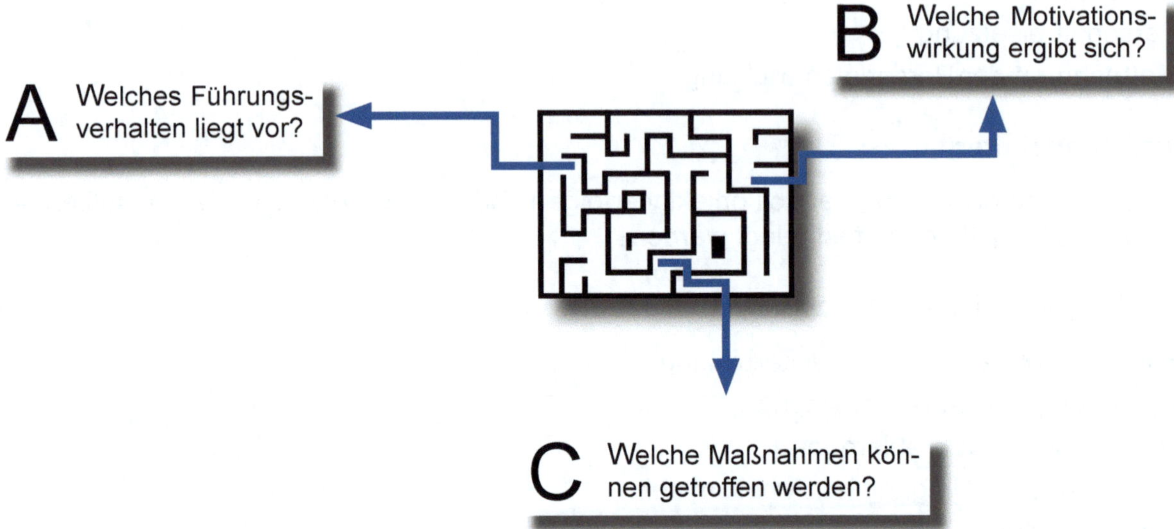

2. Wege aus dem Labyrinth

A Welches Führungsverhalten liegt vor?

In der Prüfung wird in der Regel eine betriebliche Situation geschildert. Diese Situation kann das Verhältnis zwischen Vorgesetztem und Mitarbeiter beschreiben. Wichtig ist zunächst zu erkennen, auf welches Problem die Situationsbeschreibung hinaus läuft. Es können verschiedene Problemfelder geschildert werden, die mit Führungsverhalten zusammenhängen, z. B. hohe Unzufriedenheit der Mitarbeiter und daraus resultierende Fluktuation, geringe Leistungsmotivation durch autoritäre Führung etc. Das Führungsverhalten lässt sich meist an dem Entscheidungsspielraum festmachen, den der Vorgesetzte seinen Mitarbeitern überlässt und an der Eigenverantwortung, die für die Mitarbeiter daraus resultiert.

B Welche Motivationswirkung ergibt sich?

Die Zusammenhänge zwischen Führungsstil und Motivation sind relativ klar: Autoritäre Führung zieht Unzufriedenheit und Demotivation nach sich, kooperative Führung führt zu Eigenverantwortlichkeit und Motivation der Mitarbeiter.

C Welche Maßnahmen können getroffen werden?

Die gesuchten Maßnahmen sollen immer zu einer Erhöhung der Leistungsbereitschaft und einer Verbesserung des Verhältnisses zwischen Vorgesetzten und Mitarbeitern führen.

Die Maßnahmen sollten also immer mit einer Erhöhung der Eigenverantwortlichkeit der Mitarbeiter verbunden sein. Dies kann im Rahmen der Führungstechniken (eigenverantwortliche Zielerreichung) oder im Rahmen der Arbeitsorganisation (Übernahme zusätzlicher Verantwortungsbereiche) stattfinden. Auch Arbeitsgruppen sind immer eine geeignete Maßnahme, um die Motivation und die Arbeitszufriedenheit zu erhöhen.

So trainiere ich für die Prüfung

Aufgaben

1. Wissensfragen

1.1 Lernfragen

1. Welche verschiedenen Führungsstile werden unterschieden?
2. Welche Führungsmethoden können eingesetzt werden?
3. Unterscheiden Sie intrinsische und extrinsische Motivation.
4. Welche Bedürfnisse wirken nach der Theorie von Maslow motivierend?
5. Warum werden diese Bedürfnisse oft als Pyramide dargestellt?
6. Welche Entscheidungen im Rahmen der Personalwirtschaft sind häufig mit Personalbeurteilungen verbunden?
7. Nennen Sie fünf Kriterien, die bei der Personalbeurteilung berücksichtigt werden sollten.

1.2 Richtig oder falsch?

Geben Sie an, ob folgende Aussagen richtig oder falsch sind.

Aussagen	Richtig oder falsch?
Intrinsische Motivation entsteht durch bessere Bezahlung.	
Management by Objectives ist Teil des autoritären Führungsstils.	
Bei Job Enrichment übernimmt der Mitarbeiter einen weiteren Verantwortungsbereich.	
Nach Maslow müssen zunächst die Grundbedürfnisse befriedigt sein, bevor weitere Bedürfnisse motivierend wirken.	
Gemäß der Theorie X nach McGregor strebt der Mensch nach der Übernahme von Verantwortung.	

1.3 Zuordnungsaufgaben

Ordnen Sie den Aussagen 1 bis 7 die folgenden Begriffe zu:

a) Management by Objectives
b) Management by Delegation
c) Management by Exception
d) Management by Results
e) autoritäre Führung

f) intrinsische Motivation
g) extrinsische Motivation.

Aussagen	Begriffe
In Zielvereinbarungsgesprächen wird zwischen Vorgesetzten und Mitarbeiter festgelegt, welche Umsatzergebnisse der Mitarbeiter am Jahresende erreicht haben soll.	
Der Mitarbeiter aus dem Forschungsbereich hat Spaß daran, neue Produkte zu entwickeln.	
Bei Erreichen eines bestimmten Outputs erhalten die Mitarbeiter eine Prämie.	
Die Mitarbeiter sind zur Mehrleistung bereit, weil sie Angst um ihren Arbeitsplatz haben.	
Einem Mitarbeiter wurde in der Einkaufsabteilung die Verantwortung für die Beschaffung von Handelswaren übertragen.	
Einem erfolgreichen Verkaufsmitarbeiter wird ein repräsentativer Firmenwagen zur Verfügung gestellt.	
Da nur der Vorgesetzte über ausreichende Informationen verfügt, kann auch nur er Entscheidungen treffen.	

2. Fallsituation

Beim Auswerten der Personalstatistik der Frankenrad GmbH ist aufgefallen, dass es in der Einkaufsabteilung zu überdurchschnittlich vielen Versetzungsanträgen kommt. Die Geschäftsleitung will durch eine Mitarbeiterbefragung (anonymer Fragebogen) die Gründe dafür erkunden.

a) Nennen Sie fünf mögliche Fragestellungen, die der Fragebogen (sinngemäß) enthalten sollte.
b) Machen Sie drei Vorschläge, wie die Mitarbeiterzufriedenheit erhöht werden kann.
c) Ein neuer Abteilungsleiter will den Mitarbeitern mehr Verantwortung übertragen. Erläutern Sie, wie dies im Rahmen des Management by Objectives konkret aussehen kann.
d) Die Geschäftsleitung hat sich mit dem Motivationsmodell von Maslow beschäftigt und überlegt, wie dieses Modell zur Motivation des mittleren Managements genutzt werden kann. Machen Sie konkrete Vorschläge.

Lösungen

1. Wissensfragen

1.1 Lernfragen

1. Autoritär, patriarchalisch, beratend, konsultativ, partizipativ, demokratisch/kooperativ.

2. Management by Objectives, Management by Exception, Management by Delegation, Management by Results.

3. Intrinsische Motivation: Die Aufgabe selbst wirkt motivierend.

   Extrinsische Motivation: Es kommen äußere Faktoren wie Belohnung oder Bestrafung zur Geltung.

4. Physiologische Bedürfnisse, Sicherheitsbedürfnisse, soziale Bedürfnisse, Wertschätzungsbedürfnisse, Selbstverwirklichungsbedürfnisse.

5. Es müssen zunächst die unteren Bedürfnisse befriedigt werden, bevor die nächst höheren motivierend wirken.

6. Entlohnung, Beförderung, Entlassungen ...

7. Fachkenntnisse, Leistungsvermögen, Arbeitsqualität, Sorgfalt, Zuverlässigkeit, Teamfähigkeit.

1.2 Richtig oder falsch?

Aussagen	Richtig oder falsch?
Intrinsische Motivation entsteht durch bessere Bezahlung.	Falsch
Management by Objectives ist Teil des autoritären Führungsstils.	Falsch
Bei Job Enrichment übernimmt der Mitarbeiter einen weiteren Verantwortungsbereich.	Richtig
Nach Maslow müssen zunächst die Grundbedürfnisse befriedigt sein, bevor weitere Bedürfnisse motivierend wirken.	Richtig
Gemäß der Theorie X nach McGregor strebt der Mensch nach der Übernahme von Verantwortung.	Falsch

1.3 Zuordnungsaufgaben

Aussagen	Begriffe
In Zielvereinbarungsgesprächen wird zwischen Vorgesetzten und Mitarbeiter festgelegt, welche Umsatzergebnisse der Mitarbeiter am Jahresende erreicht haben soll.	Management by Objectives
Der Mitarbeiter aus dem Forschungsbereich hat Spaß daran, neue Produkte zu entwickeln.	Intrinsische Motivation
Bei Erreichen eines bestimmten Outputs erhalten die Mitarbeiter eine Prämie.	Extrinsische Motivation
Die Mitarbeiter sind zur Mehrleistung bereit, weil sie Angst um ihren Arbeitsplatz haben.	Extrinsische Motivation
Einem Mitarbeiter wurde in der Einkaufsabteilung die Verantwortung für die Beschaffung von Handelswaren übertragen.	Management by Delegation
Einem erfolgreichen Verkaufsmitarbeiter wird ein repräsentativer Firmenwagen zur Verfügung gestellt.	Extrinsische Motivation
Da nur der Vorgesetzte über ausreichende Informationen verfügt, kann auch nur er Entscheidungen treffen.	Autoritäre Führung

2. Fallsituation

a) Mögliche Fragestellungen:

- Fühlen Sie sich ausreichend informiert, um Ihre Aufgaben ausüben zu können?
- Werden Sie an Entscheidungen beteiligt?
- In welchem Umfang werden Ihre Arbeitsergebnisse kontrolliert?
- Werden Aufgaben in Teamwork erledigt?
- Haben Sie ausreichend Zeit, um Ihre Aufgaben zu erledigen?

A

b) Arbeiten im Team

- Mehr Eigenverantwortung
- Leistungsanreize schaffen (Prämien)
- Aufstiegschancen ermöglichen

C

c) In Zielvereinbarungsgesprächen wird festgelegt, welche Ziele der Mitarbeiter in einem bestimmten Zeitraum erreichen soll. Z. B. Reduzierung der Beschaffungskosten um 3 %; Erschließung von neuen Lieferquellen; Verminderung von Sachmängeln im Rahmen der Beschaffung um 5 %. Der Mitarbeiter ist selbst für die Erreichung der vereinbarten Ziele verantwortlich.

C

d) Es ist davon auszugehen, dass für das mittlere Management physiologische Bedürfnisse, Sicherheitsbedürfnisse und soziale Bedürfnisse bereits erfüllt sind und somit kaum noch Anreiz zur Leistung bieten. Wirksam werden wohl Wertschätzungsbedürfnisse. Anreize können also durch Statussymbole wie Firmenwagen, Büroausstattung oder auch die Aussicht auf Aufstiegsmöglichkeit in höhere Führungsebenen entstehen.

B, C

VI. Personalentlohnung

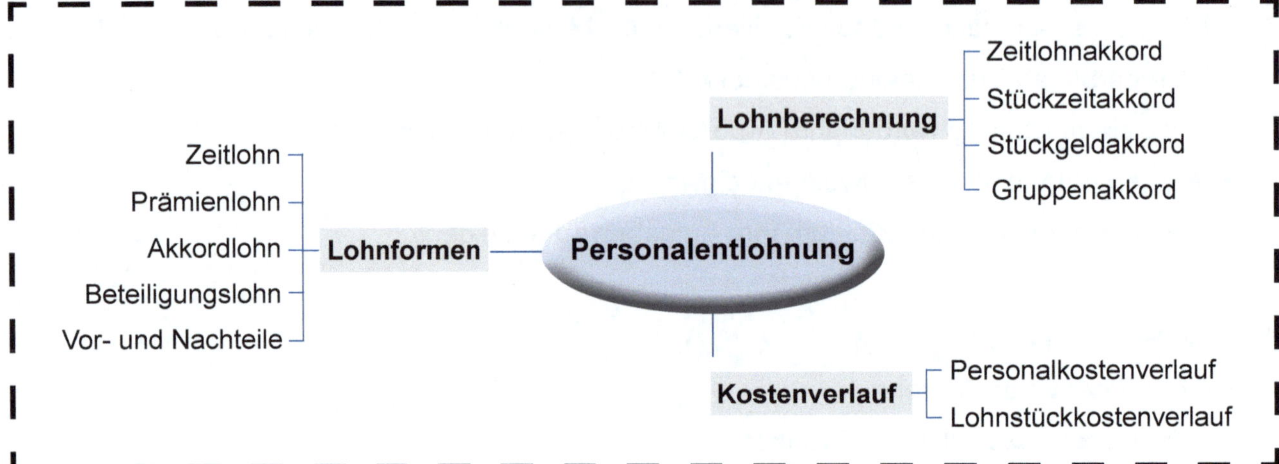

Was muss ich für die Prüfung wissen?

1. Lohnformen

Zeitlohn	Leistungslohn	
	Akkordlohn	**Prämienlohn**
Die Entlohnung des Mitarbeiters erfolgt anhand der Zeit, in der der Mitarbeiter gearbeitet hat. Die erbrachte Leistung wird dabei nicht berücksichtigt. Für die Festlegung des Zeitlohnes ist jedoch der Anspruch der Tätigkeit und die Übernahme von Verantwortung von Bedeutung.	Beim Akkordlohn erfolgt die Bezahlung nach der vom Arbeiter erbrachten Leistung. Die Entlohnung ist als reine oder als gemischte Akkordentlohnung (leistungsunabhängige Lohnkomponente) möglich. Die Feststellung des Akkordlohnes kann sich auf einzelne Mitarbeiter oder Arbeitsgruppen beziehen. Grundformen der Akkordentlohnung: • Stückgeldakkord • Stückzeitakkord	Der Prämienlohn kombiniert den Zeitlohn, indem ein leistungsunabhängiger Lohn gezahlt wird. Für bestimmte erbrachte Leistungen wird zusätzlich eine festgelegte Prämie gezahlt. Prämien sind z. B. möglich für: • Qualität • Quantität • Einsparungen • Innovationen • Termineinhaltung • Terminunterschreitung

Anwendbarkeit

Der **Zeitlohn** eignet sich für Tätigkeiten, bei denen das Arbeitsergebnis nicht unmittelbar messbar ist (z. B. Kreativität). Außerdem kann man Mitarbeiter nicht nach Leistung bezahlen, wenn sie nicht die Möglichkeit haben, ihre Leistung selbst zu beeinflussen (z. B. bei Fließbandarbeit).

Zeitlöhne werden auch angewandt, wenn die Tätigkeit mit besonderer Sorgfalt erbracht werden muss (z. B. Qualitätsanforderung) oder mit bestimmten Gefahren (z. B. Unfall) verbunden sein kann.

Für die **Akkordentlohnung** ergeben sich aus dem Zusammenhang zwischen erbrachter Leistung und Mitarbeiterentlohnung einige Voraussetzungen, um eine Tätigkeit als akkordfähig einzustufen:

- Die Leistung muss genau messbar sein.
- Die Leistung muss vom Mitarbeiter bestimmbar sein.
- Die Tätigkeit muss sich in gleicher Weise stets wiederholen.
- Die Tätigkeit darf nicht gefährlich sein.

Prämienlohn findet dort Anwendung, wo für den Mitarbeiter ein Anreiz geschaffen werden soll, Leistungen zu erbringen, die das normale Maß übersteigen. Häufig sind das Leistungen, die aber nicht so genau messbar sind, um sie im Akkord zu entlohnen (z. B. Qualitätsprämien, Ersparnisprämien, Nutzungsprämien).

Neben diesen Lohnformen besteht noch die Möglichkeit, dass Mitarbeiter im Rahmen eines **Beteiligungslohns** am Unternehmenserfolg partizipieren.

- Der Mitarbeiter erhält eine Eigenkapitalbeteiligung als Teilhaber des Unternehmens
  - durch Belegschaftsaktien.
  - als stiller Gesellschafter.
- Der Mitarbeiter stellt dem Unternehmen Fremdkapital zur Verfügung (Mitarbeiterdarlehen) und erhält dafür Zinsen.

Der Beteiligungslohn dient vor allem der Motivation der Mitarbeiter. Sie arbeiten damit nicht nur für den Erfolg des Arbeitgebers, sondern profitieren, wenn es dem Unternehmen gut geht.

Vor- und Nachteile der Lohnformen

Lohnform	Vorteil		Nachteil	
	für den Mitarbeiter	**für das Unternehmen**	**für den Mitarbeiter**	**für das Unternehmen**
Zeitlohn	gleichbleibendes Einkommen; keine Überanstrengung	einfache Lohnberechnung; fallende Lohnstückkosten bei Mehrleistung; hohe Qualität (kein Zeitdruck)	keine Möglichkeit der Lohnsteigerung	Kein Anreiz für Leistungssteigerung; steigende Lohnstückkosten bei Minderleistung.
Prämienlohn	Möglichkeit der Lohnsteigerung; Leistungsmotivation	Mitarbeiter erbringt zusätzliche Leistungen; relativ einfache Berechnung	-	-
Akkordlohn	Möglichkeit der Lohnsteigerung; Leistungsmotivation	konstante Lohnstückkosten (dadurch gute Kalkulierbarkeit)	mögliche Überlastung	aufwendige Lohnberechnung; eventuelle Qualitätsmängel

2. Lohnberechnung

a) Zeitlohn:

Entsprechend der tariflichen Einstufung werden feste Stundensätze mit der Anzahl der gearbeiteten Stunden multipliziert. Obwohl kein rechnerischer Zusammenhang mit der erbrachten Leistung besteht, wird eine gewisse Grundleistung vorausgesetzt, die in einer bestimmten Zeiteinheit erbracht wird.

Lohn = geleistete Zeiteinheiten · Lohn je Zeiteinheit

b) Akkordlohn:

Ausgangsbasis für die Berechnung des Akkordlohns ist der **Akkordrichtsatz**.

	Beispiel: Akkordzuschlag = 15 %
Tariflicher Mindestlohn	18,00 €
+ Akkordzuschlag	+ (15 %) 2,70 €
= Akkordrichtsatz	= 20,70 €

Der Akkordrichtsatz entspricht dem Stundenverdienst eines Akkordarbeiters bei Normalleistung (Leistungsgrad = 100 %)

Stückgeldakkord

Es wird festgelegt, wie viel Lohn pro geleistetem Stück bezahlt wird (= Stückakkordsatz)

	Beispiel: Normalleistung = 15 Stück pro Stunde
$\text{Stückakkordsatz} = \frac{\text{Akkordrichtsatz}}{\text{Normalleistung pro Stunde}}$	$\text{Stückakkordsatz} = \frac{20{,}70\ €}{15\ \text{Stück}} = 1{,}38\ €\ \text{pro Stück}$

Zur Ermittlung des tatsächlichen Lohns wird der Stückakkordsatz (= Stückgeldsatz) mit der tatsächlich geleisteten Menge multipliziert:

	Beispiel: Mitarbeiterleistung = 18 Stück pro Stunde
Akkordlohn = Stückakkordsatz · Leistungsmenge	Akkordlohn = 1,38 € pro Stück · 18 Stück = 24,84 € (in der Stunde)

Stückzeitakkord

Die Berechnung des Zeitakkordes beruht darauf, dass für eine Tätigkeit eine Vorgabezeit ermittelt wird:

	Beispiel: Normalleistung = 15 Stück pro Stunde
$\text{Vorgabezeit} = \frac{60\ \text{(Minuten)}}{\text{Normalleistung pro Stunde}}$	$\text{Vorgabezeit} = \frac{60}{15} = 4\ \text{Minuten}$

Die Vorgabezeit wird mit der Stückzahl und dem Minutenfaktor (Akkordrichtsatz pro Minute) multipliziert.

	Beispiel: Vorgabezeit = 4 Minuten pro Stück Leistung des Arbeiters = 18 Stück pro Stunde
Akkordlohn = Vorgabezeit · Minutenfaktor · Leistungsmenge	$\text{Akkordlohn} = 4 \cdot \frac{20{,}70}{60} \cdot 18 = 24{,}84\ €$

Die Ergebnisse für die Bezahlung nach Stückgeldakkord und Stückzeitakkord sind gleich hoch, nur die Berechnungswege unterscheiden sich.

Der Leistungsgrad

Der Leistungsgrad stellt das Verhältnis der tatsächlich erbrachten Leistung (Istleistung) eines Arbeiters zur Normalleistung dar:

$\text{Leistungsgrad} = \dfrac{\text{Istleistung} \cdot 100\ (\%)}{\text{Normalleistung}}$	Beispiel: Normalleistung = 20 Stück pro Stunde Istleistung = 24 Stück pro Stunde $\text{Leistungsgrad} = \dfrac{24 \cdot 100}{20} = 120\ \%$

Der Zeitgrad

Der Zeitgrad stellt das Verhältnis der tatsächlich benötigten Zeit (Istzeit) zur Vorgabezeit (Sollzeit) dar:

$\text{Zeitgrad} = \dfrac{\text{Vorgabezeit} \cdot 100\ (\%)}{\text{Istzeit}}$	siehe Beispiel bei Leistungsgrad Vorgabezeit = 3 Minuten pro Stück Istzeit = 2,5 Minuten pro Stück $\text{Zeitgrad} = \dfrac{3 \cdot 100}{2{,}5} = 120\ \%$

Gruppenakkord

Eine Arbeitsgruppe wird für ihre erbrachte Gesamtleistung im Akkord entlohnt. Die Verteilung auf die Gruppenmitglieder erfolgt anhand eines festgelegten Verteilungsschlüssels.

3. Kostenbetrachtung

Gegenüberstellung von Zeitlohn und Akkordlohn:

Beim Zeitlohn erfolgt die Entlohnung unabhängig von der erbrachten Leistung. Die Personalkosten verhalten sich also wie Fixkosten. Entsprechend fallen die Lohnstückkosten, wenn die Leistung des Mitarbeiters steigt (Fixkostendegression).

Lohnkosten beim Zeitlohn:

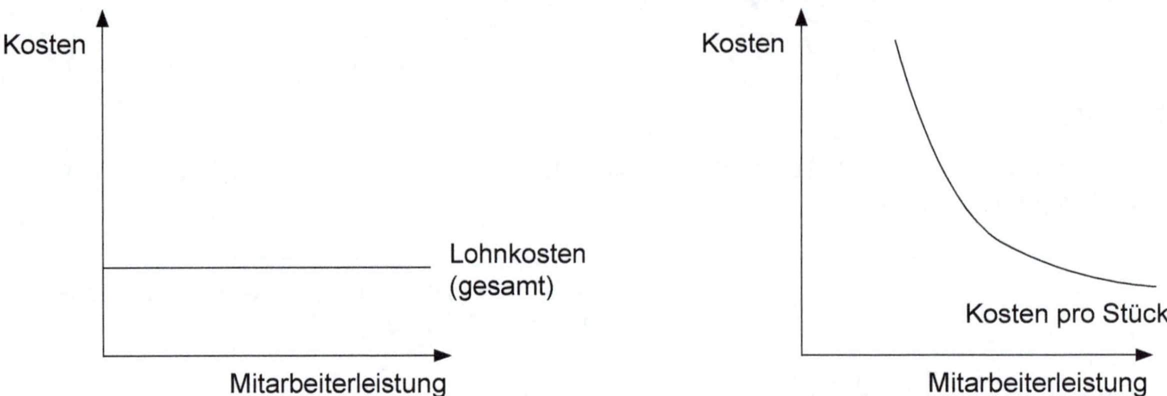

Beim Akkordlohn passt sich die Entlohnung der Mitarbeiterleistung an. Die Lohnstückkosten bleiben damit konstant. Ein Mitarbeiter mit höherer Leistung erhält mehr Lohn, hat aber auch im gleichen Verhältnis mehr produziert.

Lohnkosten beim Akkordlohn:

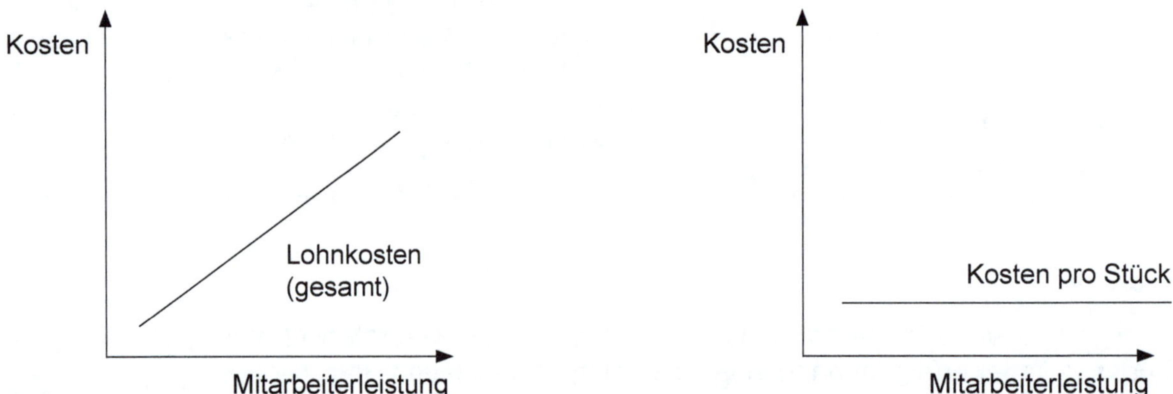

Was erwartet mich in der Prüfung?

In der Prüfung sind vor allem Kostenbetrachtungen hinsichtlich der Personalentlohnung von Interesse. In der Aufgabenstellung kann es darum gehen, Maßnahmen zur Senkung der Personalkosten zu entwickeln. Auch die Motivationsfunktion der Entlohnung bietet Ansätze für Fragestellungen. Vor diesem Hintergrund können auch Überlegungen darüber angestellt werden, wann Entlohnung als gerecht empfunden wird (Leistungsprinzip oder Solidaritätsprinzip).

1. Das Lernlabyrinth

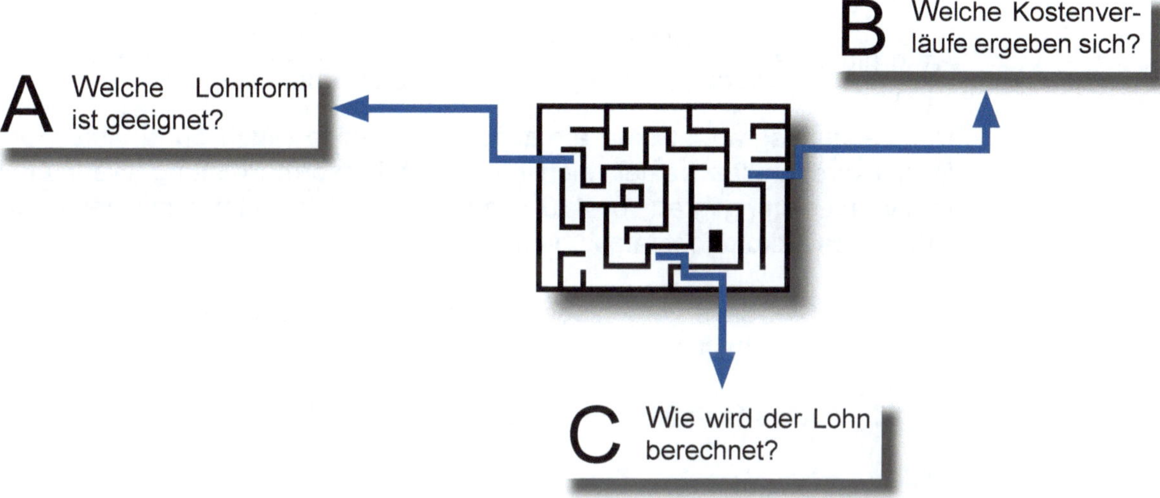

2. Wege aus dem Labyrinth

A Welche Lohnform ist geeignet?

Beachten Sie genau, welche Problematik in der Ausgangssituation angesprochen wird (z. B. Personalkosten sind zu hoch, Mitarbeiterleistung ist zu gering, Qualität ist zu niedrig etc.). Die Lohnformen unterscheiden sich in vielen Aspekten (z. B. Leistungsbezogenheit, Qualitätsbezug durch Prämien etc). Ihre Antwort sollte sich genau auf die Situation beziehen. Beachten Sie auch, dass nicht jede Lohnform für jede Arbeit infrage kommt (Akkordfähigkeit, Messbarkeit der Leistung ...). Berücksichtigen Sie bei Ihrer Argumentation auch die generellen Vor- und Nachteile einzelner Lohnformen.

B Welche Kostenverläufe ergeben sich?

Häufig wird im Ausgangsfall auf die Kostensituation eines Betriebes hingewiesen. Beachten Sie, wie sich Lohnkosten in Abhängigkeit der Mitarbeiterleistung entwickeln und welche Auswirkung dies auf die Lohnstückkosten hat. Im Zusammenhang mit Kostenverläufen kann auch verlangt werden, geeignete Grafiken zu erstellen. Achten Sie bei Grafiken immer auf eine entsprechende Achsenbeschriftung.

C Wie wird der Lohn berechnet?

Aufgaben zur Lohnberechnung beziehen sich in der Prüfung meist auf leistungsabhängige Entlohnung. Vor allem die Berechnungsmöglichkeiten des Akkordlohnes bieten verschiedene Aufgabenstellungen.

Achten Sie darauf, ob die Angaben (z. B. Vorgabezeit) in Dezimalstunden gegeben sind. Eine Dezimalstunde besteht aus 100 Dezimalminuten. Auch der Minutenfaktor muss dann auf die Dezimalminute bezogen werden.

Es ergibt sich folgende Formel für den Stückzeitakkord:

$$\text{Akkordlohn} = \text{Vorgabezeit} \cdot \text{Minutenfaktor} \cdot \text{Leistungsmenge}$$

$$\text{Akkordlohn} = \frac{\text{100 Dezimalminuten}}{\text{Normalleistung pro Std.}} \cdot \frac{\text{Akkordrichtsatz}}{\text{100 Dezimalminuten}} \cdot \text{Leistungsmenge}$$

Der Leistungsgrad ist eine einfache Rechenhilfe (auch ohne viele Formeln): Der Akkordrichtsatz bezieht sich immer auf die Normalleistung. Wenn ein Arbeiter einen Leistungsgrad von 110 % erreicht, wird er als tatsächlichen Lohn auch 110 % des Akkordrichtsatzes bekommen.

Beachten Sie, dass verschiedene Verfahren der Akkordlohnberechnung zum gleichen Ergebnis führen.

Prüfen Sie stets, ob Ihre Ergebnisse realistisch sind.

So trainiere ich für die Prüfung

Aufgaben

1. Wissensfragen

1.1 Lernfragen

1. Nennen Sie drei mögliche Prämienarten.

2. Nennen Sie drei Voraussetzungen, um eine Tätigkeit als akkordfähig einzustufen.

3. Wie wird der Akkordrichtsatz berechnet?

4. Wie lautet die Formel zur Berechnung des Stückzeitakkords?

5. Worin besteht der Hauptvorteil für das Unternehmen beim Akkordlohn?

1.2 Richtig oder falsch?

Entscheiden Sie, ob die folgenden Aussagen richtig oder falsch sind:

Aussagen	Richtig oder falsch?
1. Wenn die Leistung des Mitarbeiters steigt, steigen auch die Lohnstückkosten beim Zeitlohn.	
2. Sinkt die Mitarbeiterleistung, so steigen beim Akkordlohn die Lohnstückkosten.	
3. Der Akkordrichtsatz bezieht sich immer auf die Normalleistung.	
4. In der Praxis findet meist der Stückgeldakkord Anwendung.	
5. Den Akkordzuschlag erhält ein Arbeiter bei Leistungen, die über der Normalleistung liegen.	
6. 100 Dezimalminuten dauern genauso lange wie eine normale Zeitstunde.	

1.3 Berechnungen

1. In einem Betrieb werden Tischlampen im Akkord vormontiert und verpackt. Der tarifliche Mindestlohn beträgt 12,50 € der Akkordzuschlag beträgt 8 %. Die Normalleistung liegt bei 8 Lampen pro Stunde.

a) Wie hoch ist der Akkordrichtsatz?

b) Berechnen Sie den Stückakkordsatz.

c) Welchen Leistungsgrad hat ein Arbeiter, der 9 Lampen in der Stunde montiert?

d) Welchen Tagesverdienst hat dieser Arbeiter bei einem 8-Stunden-Tag?

e) Welchen Stundenverdienst hat ein Arbeiter mit einem Leistungsgrad von 115 %?

f) Wie hoch ist die Vorgabezeit?

2. Der tarifliche Grundlohn beträgt 15,00 € pro Stunde. Es wird ein Akkordzuschlag von 20 % gezahlt.

a) Welchen Leistungsgrad hat ein Arbeiter, der einen effektiven Stundenlohn von 19,50 € erreicht?

b) Wie hoch ist der Minutenfaktor?

c) Bei Normalleistung dauert die Bearbeitung eines Werkstücks 12 Minuten. Wie viele Werkstücke schafft ein Arbeiter pro Stunde durchschnittlich, der einen Akkordlohn von 20,00 € pro Stunde erhält?

d) Welchem Leistungsgrad entspricht diese Stundenleistung?

3. Eine Arbeitsgruppe mit 3 Arbeitern (Müller, Meier, Schmitt) wird im Gruppenakkord entlohnt. Der tarifliche Mindestlohn beträgt 12,00 € pro Stunde. Der Akkordzuschlag beträgt 15 %. Als Facharbeiter und Teamleiter erhält Herr Meier einen zusätzlichen Zuschlag von 10 %. Auf die Gruppe entfällt ein Stundenlohn von 52,00 €.

Verteilen Sie den Lohn auf die Gruppenmitglieder.

4. Ein Arbeiter erhält 13,00 € Stundenlohn und 15 % Akkordzuschlag. Die Vorgabezeit für ein Werkstück beträgt 6 Minuten.

a) Welche Lohnkosten entstehen dem Unternehmen für einen Auftrag von 75 Werkstücken? (Berechnung bitte über Zeitakkord!)

b) Welchen durchschnittlichen Stundenlohn erhält der Arbeiter, wenn er für die Erledigung des Auftrags 6,5 Stunden benötigt?

c) Welchen Leistungsgrad erreicht dieser Arbeiter?

d) Welche Lohnstückkosten entstehen dem Betrieb, wenn ein Arbeiter einen Leistungsgrad von 120 % erreicht?

2. Fallsituationen

2.1 Fall 1

In der Frankenrad GmbH werden unter anderem Fahrradrahmen geschweißt. Durch Qualitätsmängel kommt es immer wieder zu kostenaufwendigen Nacharbeiten.

a) Die Geschäftsleitung schlägt vor, den Mitarbeitern für mangelhafte Arbeit im tarifvertraglich möglichen Maße Lohn abzuziehen. Nennen Sie zwei Argumente, die gegen diesen Vorschlag sprechen.

b) Machen Sie geeignete Vorschläge, wie mithilfe der Entlohnung Abhilfe geschaffen werden kann.

c) In welcher Form kann das mittlere Management am Unternehmenserfolg beteiligt werden?

d) Bei der Geschäftsleitung wird überlegt, ob im Produktionsbereich „Rahmen schweißen" Akkordentlohnung eingeführt werden soll. Nennen Sie drei Argumente, die für die Einführung sprechen.

e) Die Arbeiter im Bereich „Rahmen schweißen" erhalten einen tariflichen Grundlohn von 11,50 € und einen Akkordzuschlag von 20 %. Die Vorgabezeit für die Bearbeitung eines Rahmens beträgt 20 Dezimalminuten. Wie hoch ist der Stundenlohn eines Arbeiters, der pro Stunde 6 Rahmen fertigt?

f) Im Produktionsbereich „Rahmen lackieren“ entscheidet man sich gegen eine Akkordentlohnung. Begründen Sie diese Entscheidung.

2.2 Fall 2

Harald Müller arbeitet als Fliesenleger bei der Südbau AG.

a) Erläutern Sie, welche Arten von Prämien für die Entlohnung von Herrn Müller infrage kämen.
b) Welche konkreten Vorteile ergäben sich für den Bauunternehmer, wenn Zeitlohn gezahlt wird?
c) Erläutern Sie, ob die Arbeit eines Fliesenlegers akkordfähig ist.
d) Welche Vorteile ergäben sich für Harald Müller bei einer Akkordentlohnung?
e) Welche Möglichkeiten der Beteiligungsentlohnung würden sich für Herrn Müller anbieten?

Lösungen

1. Wissensfragen

1.1 Lernfragen

1. Quantitätsprämien (für Leistungsmengen), Qualitätsprämien, Einsparungsprämien.

2. Leistung muss messbar sein, Vorgänge müssen sich exakt wiederholen, der Mitarbeiter kann seine Leistung beeinflussen.

3. Akkordrichtsatz = Tariflohn + Akkordzuschlag (%)

4. Lohn = Minutenfaktor · Vorgabezeit · Leistungsmenge

5. Die Lohnstückkosten sind konstant. Bei Mehr- oder Minderleistung des Personals verändern sich also die Stückkosten für den Betrieb nicht. Das macht die Kosten auch leicht kalkulierbar (z. B. Kosten für einen Auftrag).

1.2 Richtig oder falsch?

Aussagen	Richtig oder falsch?
1. Wenn die Leistung des Mitarbeiters steigt, steigen auch die Lohnstückkosten beim Zeitlohn.	**Falsch**
2. Sinkt die Mitarbeiterleistung, so steigen beim Akkordlohn die Lohnstückkosten.	**Falsch**
3. Der Akkordrichtsatz bezieht sich immer auf die Normalleistung.	**Richtig**
4. In der Praxis findet meist der Stückgeldakkord Anwendung.	**Falsch**

5. Den Akkordzuschlag erhält ein Arbeiter bei Leistungen, die über der Normalleistung liegen.	**Falsch**
6. 100 Dezimalminuten dauern genauso lange wie eine normale Zeitstunde.	**Richtig**

1.3 Berechnungen

1.

a)
$$12{,}50\ € + \frac{12{,}50\ € \cdot 8\ (\%)}{100} = 13{,}50\ € \text{ (pro Stunde)}$$

b)
$$\frac{13{,}50\ €}{8\ \text{Stück}} = 1{,}69\ € \text{ pro Stück (gerundet)}$$

c)
$$\frac{9\ \text{Stück} \cdot 100\ (\%)}{8\ \text{Stück}} = 112{,}5\ \%$$

d) 8 Stunden · 9 Stück = 72 Stück pro Tag
72 Stück · 1,69 € pro Stück = 121,68 €

e) 13,50 € (bei Normalleistung) · 115 % = 15,53 €

f)
$$\frac{60\ \text{Minuten}}{8\ \text{Stück}} = 7{,}5 \text{ Minuten pro Stück}$$

2.

a)
$$\text{Akkordrichtsatz} = 15{,}00\ € + \frac{15 \cdot 20}{100} = 18{,}00\ €$$

$$\frac{19{,}50\ € \cdot 100\ (\%)}{18{,}00\ €} = 108{,}33\ \%$$

b)
$$\frac{18{,}00\ €}{60\ \text{Min.}} = 0{,}30\ €$$

c) 20,00 € = 12 Min. · 0,30 € · x

$$x + \frac{20{,}00\ €}{12\ \text{Min.} \cdot 0{,}30\ €} = 5{,}56\ \text{Stück}$$

d) Normalleistung = 5 Stück pro Stunde (60 : 12)

$$\frac{5{,}56\ \text{Stück} \cdot 100\ (\%)}{5\ \text{Stück}} = 111{,}2\ \%$$

3.

	Verteilungsschlüssel	Verteilung
Meier	110	$\frac{52\text{ €} \cdot 110}{310} = 18{,}45\text{ €}$
Müller	100	$\frac{52\text{ €} \cdot 100}{310} = 16{,}77\text{ €}$
Schmitt	100	$\frac{52\text{ €} \cdot 100}{310} = 16{,}77\text{ €}$
Summe	310	52,00 € (0,01 € Rundungsdifferenz)

4. a) Akkordrichtsatz = 13,00 € + 15 % = 14,95 €

$$\text{Lohn} = \frac{14{,}95\text{ €}}{60\text{ Min}} \cdot 6 \cdot 75 = 112{,}13\text{ €}$$

Minutenfaktor · Vorgabezeit · Stückzahl

b) 112,13 € : 6,5 Stunden = 17,25 € pro Stunde

c)

$$\text{Leistung pro Stunde} = \frac{75\text{ Stück}}{6{,}5\text{ Std.}} = 11{,}54\text{ Stück}$$

$$\text{Leistungsgrad} = \frac{11{,}54\text{ Stück} \cdot 100\ \%}{10\text{ Stück}} = 115{,}4\ \%$$

d) Beachten Sie: Die Lohnstückkosten sind unabhängig vom Leistungsgrad des Arbeiters.

Normalleistung = 10 Stück pro Stunde
Akkordrichtsatz = 14,95 € pro Stunde bei Normalleistung
Lohnkosten pro Stück: 14,95 : 10 = 1,50 € pro Stück

2. Fallsituationen

2.1 Fall 1

a) Androhung von Lohnkürzungen ist schlecht für die Motivation und die Mitarbeiterzufriedenheit. Eventuelle Qualitätsmängel könnten von den Mitarbeitern verschwiegen werden, um der Lohnkürzung zu entgehen.

A

b) Einführung von Qualitätsprämien für fehlerfreie Arbeiten.

A

c) Gewinnbeteiligungen durch Prämienzahlungen oder Mitarbeiterdarlehen.

A

d) Anreiz für die Mitarbeiter zu mehr Leistung, Möglichkeit der Einkommenssteigerung, konstante Lohnstückkosten für den Betrieb

A, B

e) Akkordrichtsatz = 13,80 €; Normalleistung = 5 Rahmen pro Stunde

$$\text{Leistungsgrad des Arbeiters} = \frac{6 \cdot 100\ \%}{5} = 120\ \%$$

C

Stundenlohn = 13,80 € · 120 % = 16,56 €

f) Das Lackieren der Rahmen erfordert besondere Sorgfalt. Durch Akkordentlohnung könnte es zu Qualitätsmängeln kommen, da durch schnelleres Arbeiten die Sorgfalt vernachlässigt wird.

A

2.2 Fall 2

a) Einsparungsprämien (für möglichst geringen Verschnitt an Fliesen) oder auch Quantitätsprämien für große Leistungsmengen.

A

b) Einfache Abrechnung, die Leistungsmenge müsste nicht gemessen werden, bei einem hohen Leistungsgrad der Arbeiter profitiert der Arbeitgeber.

B

c) Die Leistung ist zwar nach Quadratmetern messbar, jedoch ist fraglich, ob die Arbeit sich in immer gleichem Maße wiederholt. Weiterhin muss berücksichtigt werden, dass manche schwierige Arbeiten mehr Sorgfalt bedürfen und auch mehr Zeit in Anspruch nehmen. Die Akkordfähigkeit ist also kaum gegeben.

A

d) Harald Müller könnte durch die Akkordentlohnung ein höheres Einkommen erzielen. Es bietet sich für ihn ein Anreiz, mehr Leistung zu erbringen.

A

e) Entsprechend der Rechtsform des Unternehmens könnte Herr Müller Belegschaftsaktien erhalten.

A

VII. Betriebliche Vollmachten

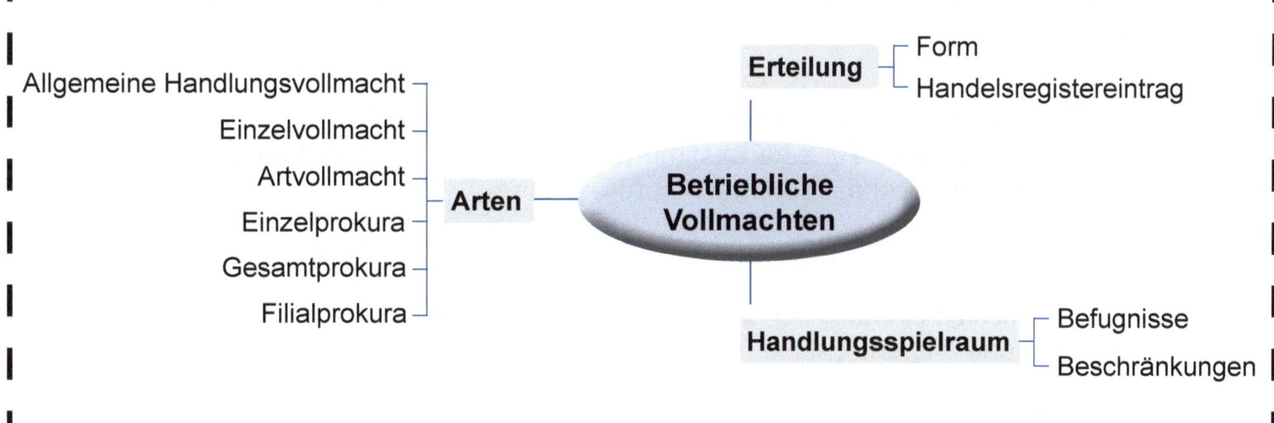

Was muss ich für die Prüfung wissen?

Durch eine Vollmacht darf der Bevollmächtigte für den Vollmachtgeber Rechtsgeschäfte tätigen. Durch eine solche Vertretungsmacht kann der Mitarbeiter im Namen und für Rechnung des Betriebes verbindliche Willenserklärungen abgeben.

Übersicht über die **Arten** der betrieblichen Vollmachten:

Handelsrechtliche Vollmachten	
Handlungsvollmacht	**Prokura**
• Allgemeine Handlungsvollmacht	• Einzelprokura
• Artvollmacht	• Gesamtprokura
• Einzelvollmacht	• Filialprokura

1. Handlungsvollmachten

a) Allgemeine Handlungsvollmacht:

Laut § 54 HGB ermächtigt die allgemeine Handlungsvollmacht zu allen Rechtshandlungen, die im Rahmen des betreffenden Handelsgewerbes liegen.

Solche Rechtshandlungen sind z. B.:

- Abschluss von Kaufverträgen
- Einstellen oder Entlassen von Mitarbeitern
- Abwicklung von Zahlungen.

Folgende Rechtsgeschäfte sind Handlungsbevollmächtigten nur möglich, wenn sie dazu gesondert bevollmächtigt wurden:

- Aufnahme von Darlehen
- Belastung oder Verkauf von Grundstücken

- Eingehen von Wechselverbindlichkeiten
- Führen von Prozessen für das Unternehmen.

Ein Handlungsbevollmächtigter darf keine Rechtshandlungen durchführen, die auch ein Prokurist nicht machen darf.

b) Artvollmacht:

Die Artvollmacht erstreckt sich auf eine bestimmte Art von Rechtsgeschäften, die regelmäßig im Unternehmen anfallen (z. B. Inkassovollmacht für Kassierer).

c) Einzelvollmacht:

Die Vollmacht bezieht sich einmalig auf die Durchführung einer bestimmten Rechtshandlung. Nach Erledigung dieser Handlung erlischt die Vollmacht.

Erteilung von Handlungsvollmachten

Die Allgemeine Handlungsvollmacht kann vom Geschäftsinhaber, dessen Vertreter oder einem Prokuristen erteilt werden. Kein Bevollmächtigter kann seine eigene Vollmacht anderen erteilen. Mitarbeiter mit allgemeiner Handlungsvollmacht können im Rahmen ihrer Vollmacht Untervollmachten als Art- oder Einzelvollmacht erteilen.

Die Erteilung der Handlungsvollmacht ist an keine Form gebunden. Sie kann schriftlich, mündlich oder stillschweigend erfolgen. Eine Eintragung ins Handelsregister erfolgt nicht.

Handlungsbevollmächtigte müssen bei ihrer Unterschrift mit einem Zusatz kenntlich machen, dass eine Vollmacht vorliegt. Dies erfolgt meist durch den Zusatz i. V. (in Vollmacht) oder i. A. (im Auftrag).

Für Vorstandsmitglieder und Geschäftsführer sind keine Vollmachten in diesem Sinne erforderlich, sie sind prinzipiell zu allen Rechtshandlungen befugt, die der Geschäftsbetrieb mit sich bringt.

Erlöschen der Vollmacht

Die Vollmacht erlischt bei:

- Widerruf durch den Vollmachtgeber
- Ausscheiden des Bevollmächtigten aus dem Unternehmen
- Auflösung (Liquidation) des Unternehmens.

2. Prokura

Die Prokura ist die weitreichendste Vollmacht des Handelsrechts. Sie ermächtigt zu allen Arten von gerichtlichen und außergerichtlichen Geschäften und Rechtshandlungen, die der Betrieb eines Handelsgewerbes mit sich bringt.

Einem Prokuristen ist nicht gestattet:

- Inventare, Bilanzen und Steuererklärungen zu unterschreiben
- das Unternehmen aufzulösen oder zu verkaufen
- das Insolvenzverfahren zu beantragen
- neue Gesellschafter aufzunehmen oder zu entlassen

- Prokura zu erteilen oder zu entziehen
- Handelsregistereintragungen zu beantragen
- die Firma zu löschen oder zu ändern.

Das Belasten oder Verkaufen von Grundstücken ist nur mit besonderer Befugnis möglich.

Die Prokura kann im Innenverhältnis beschränkt werden. Beschränkungen im Außenverhältnis sind unwirksam.

Erteilung der Prokura

Die Prokura kann nur vom Geschäftsinhaber oder seinem Vertreter erteilt werden:

Rechtsform	Prokura wird erteilt vom
Einzelunternehmung	Einzelunternehmer
OHG und KG	geschäftsführenden Gesellschafter
AG	Vorstand
GmbH	Gesellschafter oder Geschäftsführer

Die Prokura muss ins Handelsregister eingetragen werden. Die Eintragung ist jedoch nur deklaratorisch, d. h. die Prokura wird bereits mit der ausdrücklichen Erteilung wirksam. Die Eintragung beurkundet lediglich die Tatsache, dass Prokura erteilt wurde.

Prokuristen unterschreiben mit dem Zusatz pp. oder ppa. (= per procura).

Arten der Prokura

a) Einzelprokura:

Der Prokurist ist berechtigt, die Vertretung alleine auszuüben.

b) Gesamtprokura:

Zwei oder mehrere Prokuristen können die Vertretung nur gemeinschaftlich ausüben.

c) Filialprokura:

Die Prokura ist auf eine bestimmte Niederlassung beschränkt. Die Niederlassung muss unter einer eigenen Firma im Handelsregister eingetragen sein.

Erlöschen der Prokura

Die Prokura erlischt bei:

- Widerruf
- Ausscheiden des Prokuristen aus dem Unternehmen
- Auflösung oder Verkauf des Unternehmens.

Das Erlöschen der Prokura muss im Handelsregister eingetragen werden. Ein Vertragspartner kann sich auf eine noch bestehende Eintragung berufen, wenn ihm das Erlöschen der Prokura nicht bekannt war.

Was erwartet mich in der Prüfung?

Die Betrachtung von betrieblichen Vollmachten wird vor allem im Zusammenhang mit vertragsrechtlichen Fragestellungen interessant. Es ist eventuell zu prüfen, ob Mitarbeiter befugt sind, bestimmte Rechtsgeschäfte für das Unternehmen durchzuführen. Vor diesem Hintergrund sind Kenntnisse über Vollmachten auch für den WISO-Teil der Prüfung nötig.

Beim Verfassen von Geschäftsbriefen in der Prüfung (auch außerhalb des Prüfungsteiles Personal) ist darauf zu achten, dass die Unterschrift mit einem entsprechenden Hinweis versehen wird, der die bestehende Vollmacht deutlich macht.

1. Das Lernlabyrinth

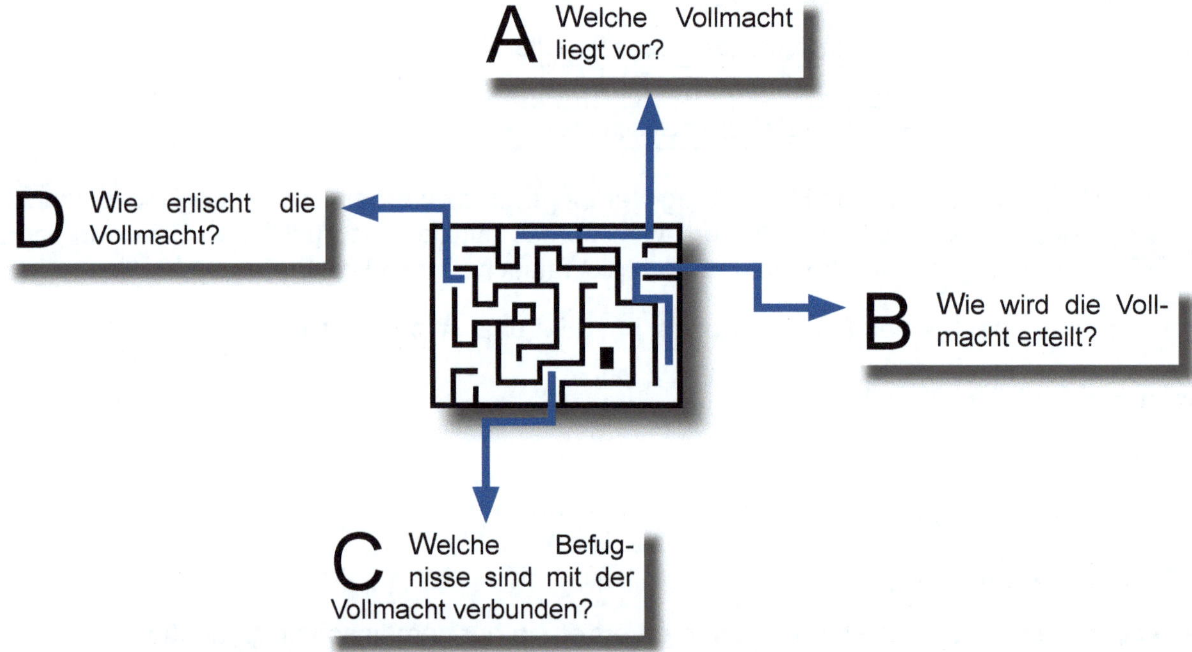

2. Wege aus dem Labyrinth

A Welche Vollmacht liegt vor?

Diese Fragestellung kann sich aus einer geschilderten Situation oder aus einem vorgegebenen Anschreiben (Unterschriftenzusatz) ergeben. Die Frage kann auch so gestellt sein, dass man erkennen muss, welche Art der Vollmacht nötig ist, um bestimmte Rechtsgeschäfte abzuschließen.

B Wie wird die Vollmacht erteilt?

Diese Fragestellung ist wichtig, wenn es darum geht, zu beurteilen, ob eine Vollmacht rechtswirksam ist oder nicht. Dabei ist vor allem auf Formvorschriften zu achten (ausdrückliche Erteilung bei Prokura). In diesem Zusammenhang ist es wichtig, auch die Notwendigkeit und Wirkung der Eintragung ins Handelsregister zu beachten.

C Welche Befugnisse sind mit der Vollmacht verbunden?

Noch interessanter ist in einer Prüfung vielleicht die Frage, welche Befugnisse **nicht** mit einer bestimmten Vollmacht verbunden sind. Es lassen sich etliche Fragestellungen daraus ableiten, wenn ein Mitarbeiter Rechtsgeschäfte tätigt, die außerhalb seiner Handlungsbefugnis liegen.

Achten Sie bei der Beurteilung der Rechtswirksamkeit von Verträgen auf das Innen- und Außenverhältnis der Rechtsbeziehungen.

Prüfen Sie genau, ob in der Fallbeschreibung Beschränkungen der Vollmacht gegeben sind und ob diese im Außenverhältnis auch wirksam sind.

D Wie erlischt die Vollmacht?

Auch hierbei geht es meist darum zu beurteilen, ob abgeschlossene Geschäfte für das Unternehmen noch rechtswirksam sind, wenn dem Mitarbeiter die Vollmacht bereits entzogen wurde. Berücksichtigen Sie auch hier die Formvorschriften und die Wirkung der Handelsregistereintragung (bei der Prokura).

Achten Sie darauf, ob der Geschäftspartner bereits Kenntnis vom Entzug der Prokura hatte, obwohl die Löschung im Handelsregister noch nicht erfolgt ist.

So trainiere ich für die Prüfung

Aufgaben

1. Wissensfragen

1.1 Lernfragen

1. Welche handelsrechtlichen Vollmachten gibt es?

2. Wer darf Vollmachten erteilen?

3. Welche Formvorschriften sind bei der Erteilung der Vollmachten zu berücksichtigen?

4. Wann endet eine erteilte Vollmacht?

5. Nennen Sie fünf Rechtshandlungen, die ein Prokurist nicht ausüben darf.

6. Wie muss die Vollmacht bei der Unterschrift des Bevollmächtigten gekennzeichnet werden?

1.2 Richtig oder falsch?

Geben Sie an, ob die folgenden Aussagen richtig oder falsch sind:

Aussagen	Richtig oder falsch?
1. Die Prokura ist im BGB geregelt.	
2. Die Gesamtprokura ist eine Einschränkung der Vertretungsmacht und nur im Innenverhältnis wirksam.	
3. Die Gesamtprokura muss als solche im Handelsregister gekennzeichnet sein.	
4. Ein Prokurist ist ohne weitere Befugnis zum Kauf von Grundstücken berechtigt.	
5. Die Einstellung oder Entlassung von Personal gehört nicht zur gewöhnlichen Geschäftstätigkeit eines Handelsbetriebes.	
6. Eine erteilte Prokura ist wirksam, auch wenn sie noch nicht im Handelsregister eingetragen ist.	
7. Eine Prokura kann auch stillschweigend erteilt werden.	
8. Ein Mitarbeiter mit allgemeiner Handlungsvollmacht kann einem Kollegen eine Artvollmacht erteilen.	
9. Einem Mitarbeiter mit allgemeiner Handlungsvollmacht ist es unter keinen Umständen möglich, ein Grundstück für das Unternehmen zu verkaufen.	

1.3 Zuordnungsaufgaben

Welche Vollmachten werden in den folgenden Situationen ausgesprochen? Geben Sie auch an, wenn keine betriebliche Vollmacht vorliegt.

Situation	Betriebliche Vollmachten?
1. Ein Prokurist beauftragt den Auszubildenden Manfred, einen neuen Drucker für das Büro zu kaufen.	
2. Hausmeister Friedrich Müller besorgt seit sechs Monaten das Kopierpapier für die Verwaltung. Der Niederlassungsleiter hat davon Kenntnis, hat ihn aber dazu nicht beauftragt.	
3. Frau Singer arbeitet bei einem Supermarkt an der Kasse.	
4. Der Prokurist Karsten Brückner beauftragt den Filialleiter Rudi Weber, eine nicht mehr genutzte Lagerhalle zu verkaufen.	
5. Herr Peters darf zusammen mit dem Geschäftsführer Darlehen aufnehmen. Die Vollmacht wird in das Handelsregister eingetragen.	
6. Frau Weiß ist Angestellte einer Fahrradfabrik. Sie ist befugt, alle Geschäfte durchzuführen, die dieser Betrieb mit sich bringt.	

1.4 Mehrfachauswahl

Welche der folgenden Aussagen sind richtig?

1. Herrn Stumpf, Angestellter einer GmbH, wurde von der Geschäftsführung die Prokura mit sofortiger Wirkung entzogen. Welche der folgenden Aussagen ist richtig?

a) Als Prokurist ist Herr Stumpf selbst Mitglied der Geschäftsführung. Der Widerruf kann nur durch einen Gesellschafter ausgesprochen werden.

b) Der Widerruf ist auch ohne Eintragung ins Handelsregister wirksam.

c) Aus arbeitsrechtlichen Gründen wird der Widerruf erst nach einer Frist von vier Wochen wirksam.

d) Das Erlöschen der Prokura wird erst mit dem entsprechenden Eintrag im Handelsregister wirksam.

e) Wird einem Mitarbeiter die Prokura entzogen, ist der Betriebsrat zu informieren.

f) Der Entzug der Prokura muss generell nicht ins Handelsregister eingetragen werden.

2. Herr Schwendner ist Filialleiter mit allgemeiner Handlungsvollmacht. Welche Aussagen sind richtig?

a) Herr Schwendner kann seinem Vertreter die Vollmacht übertragen, wenn er selbst im Urlaub ist.

b) Herr Schwendner kann einem Kollegen eine Artvollmacht erteilen.

c) Wird Herrn Schwendner die Vollmacht entzogen, muss dies ins Handelsregister eingetragen werden.

d) Herr Schwendner kann alle gewöhnlichen Geschäfte tätigen, die zu einem Handelsbetrieb gehören.

e) Mit gesonderter Befugnis darf Herr Schwendner auch ein Grundstück des Unternehmens verkaufen.

f) Herr Schwendner ist befugt, die Unternehmensbilanz zu unterschreiben, da dies zu den gewöhnlichen Geschäftstätigkeiten eines Handelsbetriebes gehört.

2. Fallsituation

a) Der Geschäftsführer einer GmbH teilt Herrn Schmidt mündlich mit, dass er ab jetzt Prokurist ist. Eine Eintragung ins Handelsregister ist (noch) nicht erfolgt. Herr Schmidt kauft für das Unternehmen ein angrenzendes Grundstück.

Erläutern Sie, ob der Kaufvertrag für das Unternehmen rechtswirksam zustande gekommen ist (formale Aspekte des Kaufes von Grundstücken bleiben unberücksichtigt).

b) Die Prokura wurde inzwischen ins Handelsregister eingetragen. Es wurde vereinbart, dass Herr Schmidt Geschäfte bis zu einer Höhe von 50.000,00 € abschließen darf. Für die Zahlung mehrerer Rechnungen nimmt Herr Schmidt bei einer Bank einen Kredit über 65.000,00 € auf.

Erläutern Sie, ob der Kreditvertrag rechtswirksam ist.

c) Im Rahmen einer Unternehmensumstrukturierung wird Herrn Schmidt die Prokura entzogen und stattdessen eine allgemeine Handlungsvollmacht erteilt. Die Löschung der Prokura wurde noch nicht ins Handelsregister eingetragen. Für die Anschaffung von Betriebsmitteln nimmt Herr Schmidt einen Kredit über 35.000,00 € auf.

Erläutern Sie, ob das Unternehmen an diesen Kreditvertrag gebunden ist.

Lösungen

1. Wissensfragen

1.1 Lernfragen

1. Im Rahmen der Handlungsvollmacht: Allgemeine Handlungsvollmacht, Artvollmacht, Einzelvollmacht.

Im Rahmen der Prokura: Einzelprokura, Gesamtprokura, Filialprokura.

2. Eine Handlungsvollmacht kann vom Geschäftsinhaber, dessen Vertreter oder einem Prokuristen erteilt werden. Im Rahmen einer erteilten Vollmacht kann der Bevollmächtigte Untervollmachten erteilen.

Eine Prokura kann nur vom Geschäftsinhaber oder dessen Vertreter erteilt werden.

3. Die Handlungsvollmacht ist an keine Form gebunden. Die Prokura muss ausdrücklich (schriftlich oder mündlich) erteilt werden. Die Prokura ist ins Handelsregister einzutragen (aber nur mit deklaratorischer Wirkung).

4. Die Vollmachten enden mit Widerruf, Ausscheiden des Bevollmächtigten aus dem Unternehmen oder Auflösung oder Verkauf des Unternehmens.

Die Einzelvollmacht erlischt mit Erledigung der entsprechenden Rechtshandlung.

5. Folgende Rechtshandlungen sind nicht gestattet:

- Inventare, Bilanzen und Steuererklärungen unterschreiben
- das Unternehmen auflösen oder verkaufen
- das Insolvenzverfahren beantragen
- neue Gesellschafter aufnehmen oder entlassen
- Prokura erteilen oder entziehen
- Handelsregistereintragungen beantragen
- die Firma löschen oder ändern
- das Belasten oder Verkaufen von Grundstücken ist nur mit besonderer Befugnis möglich.

6. Prokurist: „per procura“, „ppa.“ oder „pp.”
Handlungsbevollmächtigter: „i. V.“ oder „i. A.“

1.2 Richtig oder falsch?

Aussagen	Richtig oder falsch?
1. Die Prokura ist im BGB geregelt.	**Falsch**, Regelung im HGB
2. Die Gesamtprokura ist eine Einschränkung der Vertretungsmacht und nur im Innenverhältnis wirksam.	**Falsch**, diese Art der Einschränkung ist im Außenverhältnis möglich.
3. Die Gesamtprokura muss als solche im Handelsregister gekennzeichnet sein.	**Richtig**
4. Ein Prokurist ist ohne weitere Befugnis zum Kauf von Grundstücken berechtigt.	**Richtig**
5. Die Einstellung oder Entlassung von Personal gehört nicht zur gewöhnlichen Geschäftstätigkeit eines Handelsbetriebes.	**Falsch**
6. Eine erteilte Prokura ist wirksam, auch wenn sie noch nicht im Handelsregister eingetragen ist.	**Richtig**, die Eintragung ist nur deklaratorisch.
7. Eine Prokura kann auch stillschweigend erteilt werden.	**Falsch**, die Prokura muss ausdrücklich erteilt werden.
8. Ein Mitarbeiter mit allgemeiner Handlungsvollmacht kann einem Kollegen eine Artvollmacht erteilen.	**Richtig**
9. Einem Mitarbeiter mit allgemeiner Handlungsvollmacht ist es unter keinen Umständen möglich, ein Grundstück für das Unternehmen zu verkaufen.	**Falsch**, mit gesonderter Befugnis ist es möglich.

1.3 Zuordnungsaufgaben

Situation	Betriebliche Vollmachten?
1. Ein Prokurist beauftragt den Auszubildenden Manfred, einen neuen Drucker für das Büro zu kaufen.	Einzelvollmacht
2. Hausmeister Friedrich Müller besorgt seit sechs Monaten das Kopierpapier für die Verwaltung. Der Niederlassungsleiter hat davon Kenntnis, hat ihn aber dazu nicht beauftragt.	Artvollmacht (stillschweigend erteilt)
3. Frau Singer arbeitet bei einem Supermarkt an der Kasse.	Artvollmacht (Verkauf von Waren und Inkasso; für eine allgemeine Handlungsvollmacht gibt es keine Hinweise)
4. Der Prokurist Karsten Brückner beauftragt den Filialleiter Rudi Weber, eine nicht mehr genutzte Lagerhalle zu verkaufen.	Die Vollmacht ist unwirksam, da der Prokurist selbst nicht zum Verkauf von Grundstücken ermächtigt ist.
5. Herr Peters darf zusammen mit dem Geschäftsführer Darlehen aufnehmen. Die Vollmacht wird in das Handelsregister eingetragen.	Gesamtprokura
6. Frau Weiß ist Angestellte einer Fahrradfabrik. Sie ist befugt, alle Geschäfte durchzuführen, die dieser Betrieb mit sich bringt.	Allgemeine Handlungsvollmacht. Die Vollmacht beschränkt sich auf Geschäfte, die in einem solchen Betrieb anfallen, es handelt sich also nicht um eine Prokura, mit der alle Geschäfte irgendeines Handelsgewerbes erlaubt sind.

1.4 Mehrfachauswahl

1. b

2. b, e

2. Fallsituation

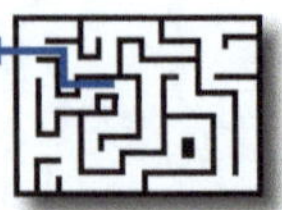

B

a) Die erteilte Prokura erfolgte ausdrücklich und ist damit wirksam. Der Eintrag ins Handelsregister ist lediglich deklaratorisch. Der Kauf eines Grundstücks liegt auch im Rahmen der Befugnisse eines Prokuristen.

B, C

b) Die Beschränkung der Prokura ist nur im Innenverhältnis möglich, dabei hat Herr Schmidt also seine Kompetenzen überschritten. Im Außenverhältnis (gegenüber Dritten) ist eine Beschränkung nicht möglich, der Kreditvertrag ist damit rechtswirksam.

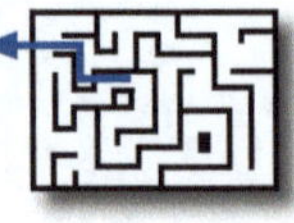

B, C

c) Die Prokura ist sofort mit dem Widerspruch erloschen. Mit allgemeiner Handlungsvollmacht ist es Herrn Schmidt nicht gestattet, ohne weitere Befugnisse Kredite aufzunehmen. Da die eingetragene Prokura im Handelsregister jedoch noch nicht gelöscht wurde, kann sich die Bank auf die Eintragung der Prokura berufen. Soweit die Bank nicht anderweitig Kenntnis vom Entzug der Prokura hatte, ist also ein rechtswirksamer Kreditvertrag zustande gekommen.

VIII. Arbeitszeitgestaltung

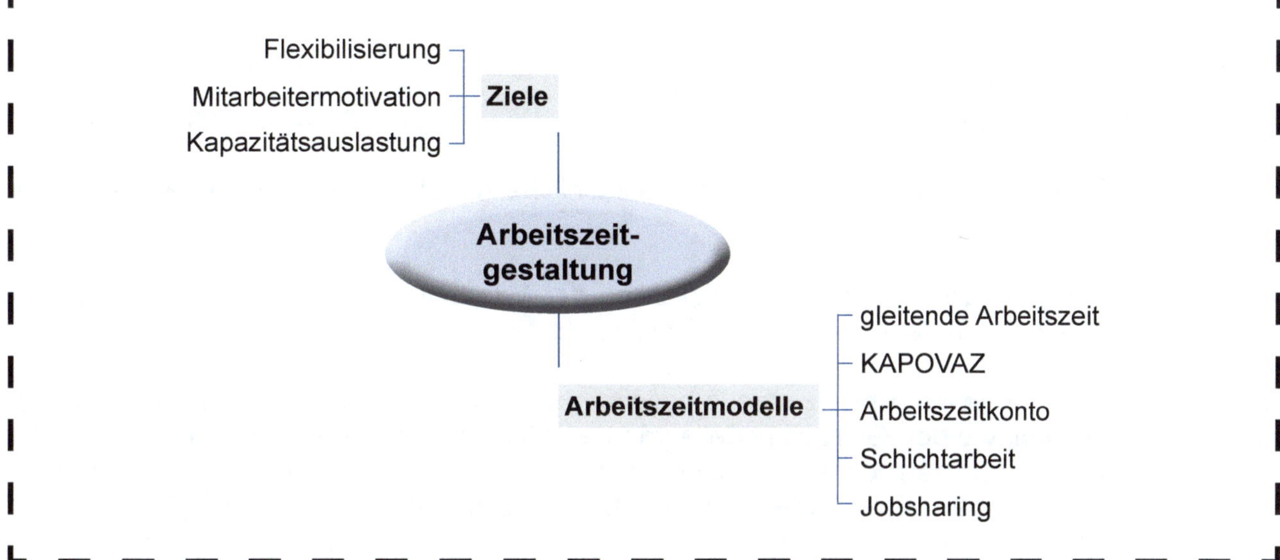

Was muss ich für die Prüfung wissen?

1. Ziele der Arbeitszeitgestaltung

Die verschiedenen Arbeitszeitmodelle bestimmen in weitreichendem Maße den Personaleinsatz und Personalbedarf eines Unternehmens. Solche Modelle beeinflussen damit auch die Personalkosten und die Motivation der Mitarbeiter.

Das Ziel der Flexibilisierung der Arbeitszeit bezieht sich nicht nur auf die Bedürfnisse des Mitarbeiters, sondern in größerem Maße noch auf das Ziel des Unternehmens, Mitarbeiter flexibel entsprechend den anfallenden Aufgaben einsetzen zu können.

Als gesetzliche Grundlage dient das Arbeitszeitgesetz. Dies beschränkt die tägliche Arbeitszeit auf 8 Stunden, lässt jedoch auch in bestimmten Fällen eine Verlängerung auf 10 Stunden täglich zu. Diese Verlängerung ist z. B. möglich, wenn über einen Zeitraum von sechs Monaten eine durchschnittliche tägliche Arbeitszeit von acht Stunden erreicht wird.

Der Betriebsrat hat bei der Gestaltung der Arbeitszeit ein Mitbestimmungsrecht.

Pausen gehören nicht zur Arbeitszeit.

2. Arbeitszeitmodelle

Gleitende Arbeitszeit

Durch das Arbeitszeitgesetz oder betriebliche Vorgaben wird eine maximale Arbeitszeit am Tag vorgegeben. Weiterhin wird eine Kernzeit festgesetzt, in der die Mitarbeiter anwesend sein müssen.

In der Gleitzeit kann der Arbeitnehmer den Anfang und das Ende seiner täglichen Arbeitszeit selbst bestimmen.

Mithilfe von Zeiterfassungssystemen wird die tatsächliche Arbeitszeit jedes Mitarbeiters gespeichert.

Durch Gleitzeitregelungen wird der Unpünktlichkeit der Mitarbeiter weitgehend entgegengewirkt bzw. das Zuspätkommen der Mitarbeiter geht nicht zulasten des Betriebes.

Da der Arbeitnehmer seine Arbeitszeiten in beschränktem Maße seinen persönlichen Bedürfnissen anpassen kann, werden Gleitzeitmodelle von den Mitarbeitern meist als positiv und motivierend empfunden. Voraussetzung ist allerdings, dass Arbeitnehmer zur Erledigung ihrer Aufgaben nicht unmittelbar aufeinander angewiesen sind (z. B. bei Reihen- oder Fließfertigung).

Arbeit auf Abruf

Bei der Arbeit auf Abruf wird die Arbeitszeit an den betrieblichen Arbeitsbedarf angepasst (= Kapazitätsorientierte variable Arbeitszeit = KAPOVAZ). Es wird eine feste wöchentliche Arbeitszeit vereinbart, die der Arbeitgeber nach Bedarf abrufen kann. Der Arbeitnehmer muss sich entsprechend der vertraglichen Vereinbarung abrufbereit zur Verfügung halten.

Der Betrieb vermeidet mit dieser Regelung Personalleerlauf auf der einen Seite, aber auch Überstunden auf der anderen. Sinnvoll ist diese Regelung, wenn im Betrieb Arbeitsbedarf eher unregelmäßig auftritt. KAPOVAZ wird vor allem für Teilzeitmodelle gewählt.

Arbeitszeitkonten

Im Bereich von Arbeitszeitkonten wird die Arbeitszeit für einen längeren Zeitraum festgelegt (z. B. ein Jahr). Der Mitarbeiter kann in Zeiten mit stärkerem Arbeitsanfall Arbeitszeitguthaben aufbauen, um in Zeiten mit geringerer Auslastung weniger zu arbeiten. Solche Modelle dienen der weiteren Flexibilisierung und eignen sich, um saisonale Schwankungen aufzufangen.

Schichtarbeit

Schichtarbeit kommt zum Einsatz, wenn Anlagen längere Betriebszeiten haben als es die Arbeitszeit eines Arbeitnehmers zulassen würde. So können Kapazitäten besser ausgenutzt werden. Üblich ist Schichtarbeit auch bei Dienstleistungen, die rund um die Uhr zur Verfügung stehen müssen (Polizei, Pflegedienste). Je nach Bedarf wird ein Zwei- oder Drei-Schicht-Betrieb eingesetzt.

Jobsharing

Beim Jobsharing teilen sich zwei oder mehrere Teilzeitkräfte einen Vollzeitarbeitsplatz. Die Aufteilung erfolgt entweder anhand der Tages-, der Wochen- oder der Monatsarbeitszeit.

Was erwartet mich in der Prüfung?

1. Das Lernlabyrinth

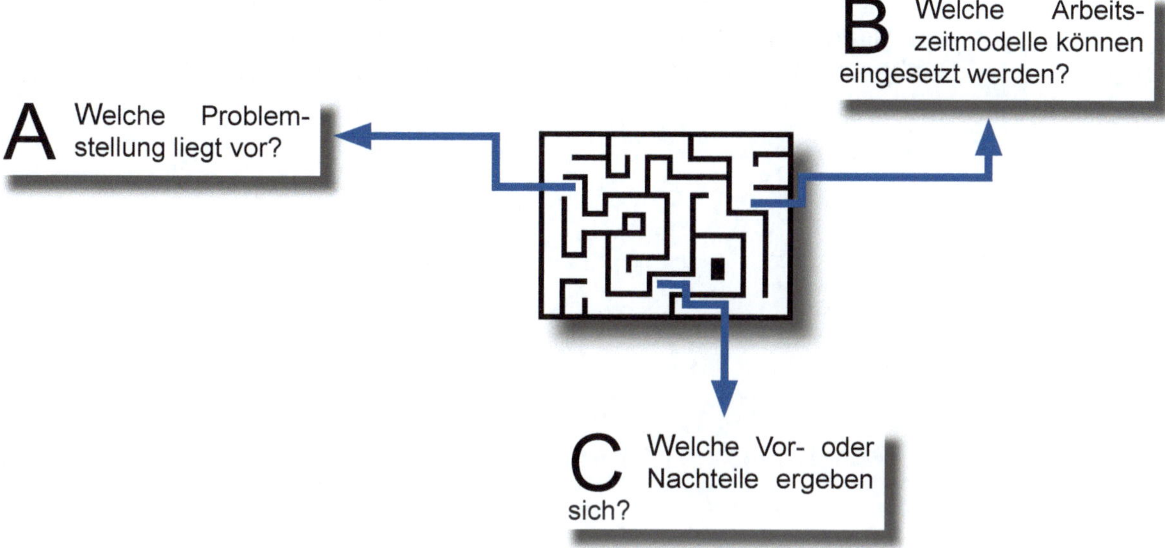

2. Wege aus dem Labyrinth

A Welche Problemstellung liegt vor?

In der Prüfung werden detaillierte Fragestellungen zur Arbeitszeitgestaltung wohl eher eine untergeordnete Rolle spielen. Beachten Sie dennoch die Bedeutung gesetzlicher Regelungen für den Prüfungsteil Wirtschafts- und Sozialkunde.

Weiterhin kann sich die Frage nach Arbeitszeitmodellen auch im Rahmen der Personalbedarfsfeststellung ergeben. Achten Sie genau darauf, welche Problemfelder in der Aufgabenstellung angesprochen werden:

- Sind Personalkosten zu hoch?
- Ist das vorhandene Personal nicht ausgelastet?
- Sind vorhandene Betriebsmittel nicht ausgelastet?
- Kommt es zu starken Schwankungen in der Kapazitätsauslastung?

Auf solche Problemstellungen kann die Auswahl geeigneter Arbeitszeitmodelle eine passende Antwort sein.

B Welche Arbeitszeitmodelle können eingesetzt werden?

Je nach dargestellter Problemstellung kann von Ihnen verlangt werden, geeignete Maßnahmen zu treffen, um dem Problem entgegenzuwirken. Achten Sie darauf, auf welche Arbeitsbereiche sich die Fragestellung bezieht (z. B. Fertigung oder Verwaltung). Vor allem für den Arbeitsbereich in der Fertigung eignen sich Schichtmodelle, um Anlagen gleichmäßig auszulasten.

C Welche Vor- oder Nachteile ergeben sich?

Fragen nach Vor- und Nachteilen sind in offenen Prüfungsaufgaben sehr beliebt. Achten Sie darauf, ob nach Vor- und Nachteilen für den Betrieb oder für den Mitarbeiter gefragt wird. Versuchen Sie in Ihren Antworten auch wieder Bezüge zur Problemstellung der Ausgangssituation herzustellen.

So trainiere ich für die Prüfung

Aufgaben

1. Wissensfragen

1.1 Lernfragen

1. Welchen betrieblichen Zielsetzungen muss die Arbeitszeitgestaltung entsprechen?

2. Welchen Vorteil hat Schichtarbeit für den Betrieb?

3. Was bedeutet KAPOVAZ?

4. Welche Rolle spielt der Betriebsrat bei der Arbeitszeitgestaltung?

5. Was versteht man unter dem Begriff Kernzeit?

6. Nennen Sie zwei Vorteile der gleitenden Arbeitszeit für den Arbeitnehmer.

7. Was versteht man unter einem Arbeitszeitkonto?

1.2 Richtig oder falsch?

Geben Sie an, ob folgende Aussagen über KAPOVAZ richtig oder falsch sind:

Aussage	Richtig oder falsch? Mit Begründung
1. Der Arbeitnehmer kann eigenverantwortlich entscheiden, wann Arbeiten zu erledigen sind.	
2. KAPOVAZ macht nur bei Vollzeitarbeitsstellen Sinn, da sonst Bereitschaftszeiten entlohnt werden müssen.	
3. Diese Art der Arbeitszeitflexibilisierung kommt weitgehend dem Arbeitgeber zugute.	
4. KAPOVAZ wird meist bei Verwaltungstätigkeiten angewandt.	
5. KAPOVAZ führt zu geringerer Entlohnung.	
6. KAPOVAZ wird häufig dort eingesetzt, wo unregelmäßig Arbeit anfällt.	

1.3 Zuordnungsaufgaben

Welche Arbeitszeitmodelle werden in folgenden Sachverhalten beschrieben?

Sachverhalt	Arbeitszeitmodell?
Frau Müller hat einen Arbeitsvertrag über 20 Wochenstunden. Bis spätestens Mittwoch erfährt sie, wann sie in der folgenden Woche zu arbeiten hat.	
In der Automobilindustrie arbeitet eine Arbeitsgruppe zwischen 6:00 und 14:00 Uhr; danach tritt eine andere Arbeitsgruppe bis 22:00 Uhr an ihre Stelle.	
Frau Maier muss zwischen 7:00 und 8:00 Uhr ins Büro kommen.	
Frau Weber arbeitet nur vormittags als Buchhalterin; an den Nachmittagen übernimmt Frau Betz die Stelle.	

Lösungen

1. Wissensfragen

1.1 Lernfragen

1. Flexibilität, optimale Ausnutzung von Anlagen, optimale Auslastung der Personalkapazität, Mitarbeitermotivation.
2. Vermeidung von Maschinenstillstandszeiten (optimale Ausnutzung von Anlagen).
3. Kapazitätsorientierte variable Arbeitszeit.
4. Es besteht ein Mitbestimmungsrecht.
5. Zeitraum, in dem bei Gleitzeitmodellen alle Mitarbeiter anwesend sein sollen.
6. Individuelle Bedürfnisse werden berücksichtigt, ein Zuspätkommen wird vermieden.
7. Arbeitszeitkonten dienen der Ansammlung von Arbeitszeit in Zeiten hohen Arbeitsanfalls. Wenn weniger Arbeit anfällt, wird Arbeitszeit vom Konto wieder abgebaut.

1.2 Richtig oder falsch?

Aussage	Richtig oder falsch? Mit Begründung
1. Der Arbeitnehmer kann eigenverantwortlich entscheiden, wann Arbeiten zu erledigen sind.	**Falsch**, der Arbeitgeber entscheidet.
2. KAPOVAZ macht nur bei Vollzeitarbeitsstellen Sinn, da sonst Bereitschaftszeiten entlohnt werden müssen.	**Falsch**, KAPOVAZ wird hauptsächlich im Teilzeitbereich angewandt.
3. Diese Art der Arbeitszeitflexibilisierung kommt weitgehend dem Arbeitgeber zugute.	**Richtig**, der Arbeitgeber legt fest, wann gearbeitet werden muss.

4. KAPOVAZ wird meist bei Verwaltungstätigkeiten angewandt.	**Falsch**, Verwaltungstätigkeiten fallen meist regelmäßig an.
5. KAPOVAZ führt zu geringerer Entlohnung.	**Falsch**, häufig wird sogar besser bezahlt, da sich der Mitarbeiter zur Verfügung halten muss.
6. KAPOVAZ wird häufig dort eingesetzt, wo unregelmäßig Arbeit anfällt.	**Richtig**

1.3. Zuordnungsaufgaben

Sachverhalt	Arbeitszeitmodell?
Frau Müller hat einen Arbeitsvertrag über 20 Wochenstunden. Bis spätestens Mittwoch erfährt sie, wann sie in der folgenden Woche zu arbeiten hat.	KAPOVAZ
In der Automobilindustrie arbeitet eine Arbeitsgruppe zwischen 6:00 und 14:00 Uhr; danach tritt eine andere Arbeitsgruppe bis 22:00 Uhr an ihre Stelle.	Schichtarbeit
Frau Maier muss zwischen 7:00 und 8:00 Uhr ins Büro kommen.	Gleitzeit
Frau Weber arbeitet nur vormittags als Buchhalterin; an den Nachmittagen übernimmt Frau Betz die Stelle.	Jobsharing